SUR

L'ÉCRITURE

ET LA

LANGUE BERBÈRES

DANS L'ANTIQUITÉ ET DE NOS JOURS

PAR

A. C. JUDAS

.. Masinissa rex; cujus cum præfectus classis Melitam appulisset, èque fano Junonis dentes eburneos eximiæ magnitudinis sublatos ad eum pro dono attulisset : ut comperit unde advecti essent, quinqueremi reportandos Melitam, inque templo Junonis collocandos curavit, insculptos gentis suæ litteris significantibus regem ignorantem eos accepisse et libenter Deæ restituisse. — VAL. MAX., *Dicta factaque memorabilia*, L. I.

In Africa barbara gentes in una lingua plurimas novimus. — S. AUGUST., *De civ. Dei*, XVI, 7.

PARIS
IMPRIMERIE DE PILLET FILS AINÉ,
RUE DES GRANDS-AUGUSTINS, 5.

1863

DE L'ÉCRITURE

ET

DE LA LANGUE BERBÈRES

PARIS. IMPRIMERIE DE PILLET FILS AINÉ
5, RUE DES GRANDS-AUGUSTINS.

SUR

L'ÉCRITURE

ET LA

LANGUE BERBÈRES

DANS L'ANTIQUITÉ ET DE NOS JOURS

PAR

A. C. JUDAS

... Masinissa rex; cujus cum præfectus classis Melitam appulisset, èque fano Junonis dentes eburneos eximiæ magnitudinis sublatos ad eum pro dono attulisset : ut comperit unde advecti essent, quinqueremi reportandos Melitam, inque templo Junonis collocandos curavit, insculptos gentis suæ litteris significantibus regem ignorantem eos accepisse et libenter Deæ restituisse. — VAL. MAX., *Dicta factaque memorabilia*, I. 1.

In Africa barbara gentes in una lingua plurimas novimus. — S. AUGUST., *De civ. Dei*, XVI, 7.

PARIS
IMPRIMERIE DE PILLET FILS AINÉ,
RUE DES GRANDS-AUGUSTINS, 5.

1863

DE L'ÉCRITURE

ET

DE LA LANGUE BERBÈRES

Un remarquable essor a été donné, depuis plusieurs années, à l'étude de la langue berbère, l'âme de cette fière population qui occupe un si grand espace sur le continent africain, particulièrement dans nos possessions algériennes. Ce mouvement promet des avantages immédiats au point de vue pratique, c'est-à-dire sous le rapport de l'extension et de la solidité de nos relations avec les tribus établies dans notre colonie, tribus sédentaires et laborieuses qu'il importe tant de nous attacher, ainsi qu'avec celles qui gardent, dans le désert, le passage de cette colonie vers l'intérieur du champ mystérieux d'investigations et du vaste marché que nous tendons à nous ouvrir. Mais ce point n'est pas ce que je me propose ici d'examiner. Mon projet consiste à tenter de nouvelles éclaircies sur la question archéologique ; c'est à savoir sur les origines de l'écriture et de la langue berbères, ce qui concourra à amener peut-être quelque lumière sur un problème d'ethnologie resté jusqu'à présent dans les ténèbres, et qui ne me paraît pas dénué d'intérêt.

Ce n'est pas que de graves auteurs ne se soient, à différentes époques, prononcés sur ce sujet. On est, par exemple, généralement porté à admettre que la langue berbère est celle que parlaient les premiers habitants que l'histoire fasse connaître dans la contrée appelée par les Anciens d'abord la Libye, puis l'Afrique.

L'un des érudits qui ont émis cette opinion, Et. Quatremère, ajoute que « cet idiome ne ressemble à aucun autre. » Mais je n'ai point trouvé la démonstration de cette proposition dans l'article du *Journal des savants* (juillet 1838), où elle a été hasardée, et je me permettrai de rappeler à ce propos une judicieuse remarque de G. de Humboldt, *Journ. asiat.*, t. IX, p. 116 : « En fait de langue il faut se garder d'assertion générale. » D'ailleurs quelques passages de cet article, que je suis à regret obligé de citer pour ma cause, donnent à penser qu'il a été rédigé avec une inadvertance surprenante de la part d'un tel écrivain. Ainsi il est dit, à la page 401, qu'après la prise de Carthage par les Romains, Massinissa (mort, on le sait, pendant le siége) avait dû avoir une part, et la plus considérable, à la distribution des livres écrits en langue punique qui avaient été trouvés dans la bibliothèque de cette malheureuse cité et partagés entre les rois alliés ; à la page 403, que Cirta avait été fondée par Syphax... Mais plus récemment, dans le *Journal asiatique* d'août et de septembre 1860, un autre académicien d'une grande autorité, M. le professeur Reinaud, a résumé l'état de la question comme il suit : « Depuis qu'on s'occupe en Europe du berber, c'est-à-dire depuis près d'un siècle, les philologues se sont demandé dans quelle catégorie il faut le placer : si c'est une langue à part, ou bien s'il faut le rattacher soit au cofte, qui représente pour nous l'ancien égyptien, soit à quelque langue sémitique. Il m'a toujours semblé que, quelle que soit la part faite aux influences étrangères, le berber est une langue *sui generis*, et une langue particulière aux contrées où l'on en trouve encore des débris; mais des philologues distingués ont émis un avis différent. » Cette impartiale exposition est amenée par ces lignes écrites immédiatement auparavant : « Aussi haut que remonte l'histoire, on reconnaît que les rois de l'Égypte durent exercer une influence plus ou moins énergique sur les populations qui avoisinaient le Nil. Vinrent ensuite les Phéniciens, puis les Grecs et les Romains, puis les Vandales, enfin les Arabes ; les Arabes, dont le joug pèse depuis plus de douze siècles sur le pays. La langue berbère s'est naturellement ressentie du contact du langage de tant de nations, de l'arabe surtout. Maintenant l'on retrouve dans le berber un certain nombre de mots et de formes arabes, surtout dans le langage des provinces voisines de la mer Méditerranée, où la domination musulmane s'est affermie de meilleure heure. On remarque même, dans les pronoms et dans la conjugaison des verbes berbers, certaines analogies avec les pronoms et les verbes sémitiques qui ont frappé dans le principe les philologues; mais la masse des mots est évidemment indigène et s'éloigne des langues sémitiques autant que de toute autre langue connue. » Ici encore, malgré le respect que je dois aux opinions d'un maître si digne de confiance, je ne puis m'empêcher de faire observer qu'il n'y a qu'une énonciation sans faits à l'appui. Or c'est de ce vague que je me propose de chercher à sortir en attaquant la question par les détails, sans parti pris, sans idée préconçue. Déjà, en 1857, dans plusieurs cahiers de la *Revue de l'Orient, de l'Algérie et des colonies*, en me référant à une déclaration d'Hérodote, j'ai présenté quelques conjectures sur la possibilité, la vraisemblance même de certains rapports avec l'ancien égyptien et avec l'éthiopien. Comme je l'ai dit alors, mon but n'était que de soumettre à l'épreuve quelques pierres d'attente, choisies dans un approvisionnement de matériaux encore fort incomplet et très-confus. Ainsi que je le présumais, il y a à revenir sur divers points (1). Aujourd'hui, après avoir sévèrement soumis à l'analyse étymologique le plus grand nombre de mots berbers que j'ai pu recueillir, je suis arrivé à une conclusion opposée à celle du savant M. Reinaud, savoir qu'il n'existe dans le vocabulaire berber qu'un petit nombre d'éléments qui résistent jusqu'à présent à toute assimilation étrangère; qu'un certain nombre de termes appartiennent réellement à l'ancien égyptien, d'autres à la langue latine, d'autres à des langues européennes modernes; mais que la grande majorité des racines, aussi bien dans le dialecte des Touaregs que dans les dialectes des peuplades septentrionales, émanent de la souche sémitique. Pour cette dernière catégorie, qui forme le fond de la langue, il y a un partage à faire entre l'éthiopien, le phénicien et l'arabe, surtout entre le phénicien et l'arabe. Si le cachet arabe est souvent manifeste, cependant, dans beaucoup d'autres cas, la distinction n'est linguistiquement pas facile; il est indispensable de s'aider des traditions léguées par l'Antiquité.

1) Notamment sur la supposition, à l'occasion du nom de lieu *Mésar filin*, que le *r* final pourrait avoir un caractère de désignation féminine.

C'est ce que je me propose particulièrement de faire dans ce travail : la démonstration complète n'exigerait rien moins qu'un dictionnaire. Je ne ferai donc qu'indiquer par quelques jalons la voie qui me paraît mener à un résultat positif, et, cela dit, j'entre en matière.

I. — ÉCRITURE (1).

Il y a aujourd'hui plus de deux siècles qu'un Français, Thomas d'Arcos, découvrit à quatre journées de Tunis, parmi les ruines de l'ancienne Tucca, un monument en forme de pyramide à trois étages sur la face orientale duquel était gravée une inscription bilingue; l'un des textes fut dès lors reconnu pour phénicien, l'autre présentait des lettres inconnues à cette époque (2). Cette découverte fut négligée jusqu'en 1815. Alors le comte Camille Borgia communiqua à plusieurs savants de l'Europe une copie de l'inscription prise sur place (3). Enfin sir Grenville Temple, dans ses *Excurs. in the Mediterranean*, 1835, t. II, p. 352, en publia une autre copie, moins incorrecte, faite, d'après l'original, en 1833, pendant son voyage dans la régence de Tunis. Cette copie est reproduite dans le grand ouvrage de Gesenius et dans mon *Essai démonstratif de la langue phénicienne et de la langue libyque.*

L'ensemble épigraphique, selon les termes de Gesenius, mesure en longueur huit pieds trois doigts, et en hauteur trois pieds. Chaque texte a sept lignes qui, pour la direction, se font exactement suite d'un texte à l'autre, la partie phénicienne étant à gauche, l'autre à droite, et chacune se lisant de droite à gauche. Dans chaque partie, la première ligne est écartée de la seconde par un intervalle notablement plus grand que celui qui sépare entre elles les six autres lignes. La partie phénicienne est écrite en lettres de haute époque et, précaution rare, les mots sont séparés par des points. Quelques lacunes existent par suite de lésions de la pierre

(1) Ce paragraphe a été imprimé déjà dans la *Revue archéologique*, septembre 1862.

(2) Barthélemy, *Mém. de l'Acad. des inscript.*, in-4°, t. XXX, p. 425; in-12, t. LIII, p. 57.

(3) Münter, *Relig. der Karthager*; Hamaker, *Diatribe.*

et, ce qui est plus regrettable, aucune des copies n'est, en tous points, suffisamment exacte pour que l'interprétation puisse être complétement exempte d'incertitudes, ce qui nuit en même temps à l'explication corrélative du premier texte. Ce premier texte offre d'ailleurs de plus larges lacunes. Hamaker en avait comparé les caractères aux lettres celtibériennes. Mais Münter (1), puis Et. Quatremère (2) les regardèrent comme libyques ou africains, sans entrer d'ailleurs dans aucun développement. Cette opinion n'en a pas moins acquis l'adhésion générale.

Et. Quatremère finissait le mémoire indiqué dans une note ci-dessous en disant que, dans une seconde partie, il donnerait ses observations sur l'inscription bilingue dont il s'agit : mais cette promesse n'a pas été remplie. A Gesenius échut l'avantage de faire les premiers pas dans la détermination des figures jusqu'alors inconnues. Ce savant justement célèbre remarqua d'abord que, d'espace en espace, existent des points qui correspondent à ceux de la partie phénicienne, et il présuma qu'ici aussi ils servent à disjoindre les mots. Un autre moyen de distinction existe dans la partie phénicienne, c'est le retour fréquent du groupe bilittère valant BN, c'est-à-dire BEN, *fils*. Gesenius reconnut dans la partie libyque l'équivalent de ce groupe dans la répétition corrélative de deux barres horizontalement parallèles en cette manière =. De cette double notion du signe de filiation pour l'un et l'autre texte se déduisit le corollaire que le mot immédiatement précédent et le mot subséquent sont des noms propres, et le savant écrivain fut autorisé à conjecturer qu'il retrouverait, d'un côté comme de l'autre, du moins le plus souvent, les mêmes éléments phonétiques. Mais les éléments phonétiques de la partie phénicienne, qui devaient servir de points de départ, ont été pour la plupart mal appréciés par le docte Allemand, aussi bien dans les noms propres que dans le reste du texte; aussi, sur vingt-deux signes au moins que contient l'inscription, six seulement ont été déterminés avec certitude. La voie toutefois était ouverte. En 1843, *Journ. asiat.*, février, p. 85-126, M. de Saulcy, dans un mémoire capital, rectifia une grande partie des attributions alphabétiques de Gesenius.

J'ai consacré au même sujet le dernier chapitre du troisième livre de mon *Étude démonstrative*, etc., précédemment citée. Movers s'en est aussi occupé dans ses *Phéniciens*, tome II, deuxième partie, pages 368 et 406-408. Enfin M. Blau a inséré sur cette matière un travail remarquable dans le *Journal de la Société orientale allemande.*

Je ne puis ici reproduire les développements propres à ces successives élucidations; je me bornerai à en exposer les résultats définitifs et je ne mentionnerai expressément les auteurs que pour la discussion de quelques points particuliers.

(1) *Ouvr. cité*, p. 99, note 9, et p. 171.
(2) *Mém. sur quelq. inscr. puniques*, Nouv. journ. asiat., t. I 1828, p. 11-27

On est d'accord sur les concordances suivantes :

TABLEAU N° 1.

Alphabet de Thugga, ou berber antique.

LIBYQUE.	PHÉNICIEN.	HÉBREU.	FRANÇAIS.
1 — ⊙	𐤁	ב	B ou V
2 — ⌐	𐤂	ג	G
3 — ⊓	𐤃	ד	D
4 — ⊱	𐤈	ט	T
5 — Z	𐤉	י	I ou J
6 — ||	𐤋	ל	L
7 — ⊐	𐤌	מ	M
8 — |	𐤍	נ	N
9 — ⧗	𐤎	ס	Ç
10 — X	𐤐	פ	F ou PH
11 — O	𐤓	ר	R
12 — ≷	𐤔	ש	S ou CH
13 — +	𐤕	ת	T

Ces valeurs sont fournies par la comparaison de divers noms propres, dont trois sont répétés. Cette dernière circonstance a l'avantage de prouver, pour ces points, l'exactitude de la copie des lettres phéniciennes, puisque les figures sont de part et d'autre identiques. Mais ces noms offrent une particularité beaucoup plus précieuse, c'est que, bien que différents dans l'ensemble, ils contiennent une ou plusieurs figures semblables, et qu'en outre quelques-unes de ces figures sont parfois répétées dans le même nom. En effet, la similitude se reproduisant, excepté dans un cas, aux places correspondantes des noms libyens, on est induit à en conclure l'identité de puissance phonétique. Ainsi, dans le texte libyque, le n° 1 se montre dans des noms ainsi écrits dans le texte phénicien BLL, BBI, et il répond chaque fois au signe valant B ; le n° 4, au signe valant T dans les noms du texte phénicien IFMTT, TMN, SFT; le n° 5, au signe valant I dans les noms phéniciens déjà cités BBI, IFMTT, et dans MNGI, ASI, ? ? I, FFI; le n° 6, au signe valant L dans les noms phéniciens BLL, FL ?, MÇDL; le n° 7, au signe valant M dans le même nom MÇDL et dans MNGI déjà mentionné aussi; le n° 8, au signe valant N dans les noms phéniciens MNGI, TMN, ? B ? ? N, NNFÇN, AN ? N; le n° 9, au signe valant Ç (*Samech*) dans les noms phéniciens MÇDL, et NNFÇN; le n° 10, au signe valant F dans les noms phéniciens IFMTT, FL ?, NNFÇN, SFT, FFI; le n° 11, au signe valant R dans les noms phéniciens ABDSTRT et ? R ? ? N; le n° 12 enfin, au signe valant S dans les noms phéniciens ABDSTRT, ASI et FST. Des rapports si constants et si nombreux me paraissent repousser toute incertitude.

Deux autres figures, ⊐ et (, s'adaptent indubitablement, la première à un ת ou T, l'autre à un ס ou Ç dans le texte phénicien : cependant j'y reviendrai plus loin. Je diffère pareillement l'examen du point et des deux barres parallèlement transversales dont j'ai déjà parlé, ainsi que celui des figures ⊓⊓, ÷, ⇐, ⇐, ≡, dont il n'a pas encore été question.

Depuis que, par les communications de Camille Borgia et de Humbert, l'attention a été ramenée sur ces caractères, on a trouvé un assez grand nombre d'inscriptions écrites avec le même alphabet en Tunisie, en Algérie et en Cyrénaïque : on continue particulièrement d'en découvrir assez fréquemment encore en Algérie. Par malheur, l'exactitude complète des copies qui ont été publiées n'est pas mieux garantie : quoi qu'il en soit, elles font connaître les nouvelles figures suivantes : Λ, Ɪ ou H, ⊟, ⧻ ou ǂ.

Cette série de documents a confirmé dans l'opinion que l'écriture en question était celle des anciens habitants de l'Afrique ou Libyens. Mais il s'est fait simultanément une autre suite de découvertes qui sont venues démontrer qu'elle est aussi celle des Berbers actuels, particulièrement des Touaregs, et ainsi s'est retrouvé en elle un précieux anneau de la chaîne des temps.

En 1822, dans la relation de son voyage d'Alexandrie à Paraetonium, etc., pages 50 et 56, Scholz a fait connaître divers caractères jusqu'alors inconnus qu'il avait trouvés épars ou confusément rapprochés sur les parois d'anciens monuments de la Marmarique et sur les murs d'édifices arabes ; les uns lui parurent avoir été gravés plusieurs siècles auparavant, les autres être de date récente. Il les considéra comme les débris d'un antique alphabet dont l'usage subsistait parmi les tribus de cette contrée ; mais il n'en put découvrir la valeur. La plupart de ces signes sont compliqués ; cependant on y reconnaît ces figures Λ, ||, O, ≡, -|-. On y remarque en outre celles-ci □, ◊, qui ne sont vraisemblablement que des modifications du cercle, car on sait que la difficulté de l'écriture lapidaire porte à convertir les lignes courbes en lignes angulaires. Les autres figures élémentaires sont ⚲, T, X.

En 1827, Pacho, au retour d'un voyage dans la Marmarique, la Cyrénaïque, etc., fit savoir qu'il avait aussi remarqué ces caractères dans ces deux contrées, non-seulement gravés sur des édifices et des rochers, mais encore empreints sur les chameaux des nomades. Il découvrit que ceux-ci s'en servent comme de signes de leurs tribus et, au moyen de quelques appendices, comme de marques des sous-tribus. Il soutint que tel avait dû être de tout temps l'unique destination de ces figures et qu'il y avait illusion à croire qu'elles avaient constitué l'alphabet d'un langage oublié.

En 1849, dans le tome X, 3e série, du *Bulletin de la Société de géographie*, pages 173-179, Vattier de Bourville s'est occupé avec plus de détail des mêmes caractères, remarqués par lui dans la Cyrénaïque; il y reconnut aussi des marques de tribus et de fractions de tribus : mais, en ayant retrouvé plusieurs dans deux inscriptions qu'il vit gravées l'une dans une grotte près de Cyrène, l'autre sur une agate (1), il fut porté à réunir les deux opinions et à considérer ces lignes différentes, qu'on rencontre en divers endroits de ces contrées, en même temps comme les marques distinctives des nombreuses tribus qui les habitent ou les parcourent en tous sens, et comme des caractères ayant appartenu à des langues antérieures.

Mais ce n'était là qu'une conjecture. Cependant, un peu avant la publication de Pacho, l'on avait imprimé en Angleterre (2) et traduit en France (3) le récit des découvertes faites par les voyageurs de l'expédition anglaise d'Afrique en 1822, 1823, 1824, découvertes parmi lesquelles se trouvait celle de dix-neuf caractères que le médecin Walter Oudney avait vus tracés d'abord sur un monument romain à Germa, puis sur des rochers dans les déserts qui séparent Tripoli du Fezzan, dans les lieux fréquentés par les Touaregs. Il avait constaté, comme Scholz, que quelques-uns de ces caractères avaient évidemment plusieurs siècles, et que d'autres étaient plus récents. Il n'avait pu que successivement en ap-

(1) Cette gemme, achetée à Derna, était mince et ovale; elle avait vingt-huit millimètres de largeur et vingt-six de hauteur; elle portait d'un côté seize lignes d'inscription grecque, de l'autre six lignes d'écriture que Vattier de Bourville a supposé libyenne, et renfermant trente-huit lettres. Combien il est à regretter que le texte grec n'ait pas été publié!

(2) *Narrative of travels and discoveries in the years* 1822-1824, *by major Denham.* — Londres, 1826.

(3) *Voy. et découv. dans le nord et dans les parties centrales de l'Afrique*, etc., trad. par Eyriès et de Larenaudière. On s'étonne de trouver inexactement traduite la partie relative aux caractères alphabétiques des Touaregs, t. I, page 105.

prendre la valeur. La transcription de la partie libyque de l'inscription de Thugga se trouve d'accord avec quatre de ces figures, savoir : pour les numéros 6 ou L, 7 ou M, 8 ou N, 13 ou T ; il est en outre très-facile d'en ramener quatre autres aux numéros 1 ou B, 3 ou D, 5 ou I, 11 ou R. Le point y est porté, mais comme valant A.

Malgré des rapports si frappants, il n'en fut fait usage, pour l'étude du monument de Thugga, que par M. Jomard (1) et par moi (2). Cependant, après la publication du mémoire de M. de Saulcy, plusieurs personnes s'étaient mises avec dévouement en quête de renseignements auprès des Touaregs ; les recherches ont continué jusqu'en ces derniers temps, et, au point où elles sont arrivées, surtout entre les mains de M. le lieutenant-colonel Hanoteau (3), on doit considérer comme définitivement acquise la connaissance de l'alphabet des Berbers modernes. En combinant les divers spécimens, on peut arrêter le tableau suivant, presque entièrement emprunté d'ailleurs à M. Hanoteau :

TABLEAU N° 2.

Alphabet berber moderne.

1 — . . — Signe vocal vague : A, I, Ou (4) ;
2 — ⵀ, ⵂ, ... B, V ;
3 — ⵗ, ⵊ, ... G ;
4 — ⋈, X, ... G doux ;
5 — ⵊ, ... J ;
6 — ⊓, Λ, U, ⊔, ... D ;
7 — ⵞ, ... TS ;
8 — ⋮, ... H ;
9 — :, ... OU ;
10 — ⵣ, ⵣ, ... Z ;
11 — ∷, ... H' ;
12 — ∃, ... T' ;
13 — ⵢ, ≤, ... I, Y ;

(1) *Seconde note sur une pierre gravée trouvée dans un ancien tumulus américain*, etc., pages 11 et 21.

(2) *Etude démonstrative*, etc.

(3) *Essai de gramm. de la langue tamachek'*, etc. Paris, in 8°, 1860.

(4) M. Bargès porte, comme équivalent de l'*elif*, le signe Ł .

14 —	·⁚, ∴,	....	K;
15 —	II,	....	L;
16 —	⊐,	....	M;
17 —	I,	....	N;
18 —	⊙, ⊡, ▽,	....	Ç;
19 —	⁚,	....	G' ou R' (g'aïn ou g'rain);
20 —	⋈, ⌶,][,	....	F ou PH;
21 —	•••,	....	K';
22 —	O, □, △,	....	R;
23 —	⊐,	....	CH;
24 —	+,	....	T;

On trouve sur ce tableau, comme entièrement similaires, pour les figures, à des lettres de l'alphabet antique, les numéros 1, 5, 6 (premier et deuxième caractères), 15, 16, 17, 18, 22 (premier caractère) et 24. Mais il n'y a identité de valeurs phonétiques que pour les numéros 6, 15, 16, 17, 22 et 24, comparativement aux numéros 3, 6, 7, 8, 11 et 13 de l'alphabet de Thugga.

Le point, comme on le voit, a pris une valeur phonétique. M. Blau lui attribue aussi cette puissance dans le texte libyque de Thugga, et assurément cette opinion est spécieuse en plusieurs cas : cependant au fond je la crois inadmissible. Le rapport avec la fin des mots est trop exact, trop constant pour qu'on y méconnaisse un rôle disjonctif. Ce qui peut surtout, au premier abord, paraître séduisant dans l'hypothèse d'une valeur phonétique, c'est qu'ainsi des mots qui commencent par un *alef* en phénicien, savoir les noms propres *Athaban, Anokan* et *Isal*, le trouvent aussi dans la partie libyque, tandis que, sans cette condition, ils en sont privés; on ne peut lire, en effet, que *Thaban, Nokan, Saï*. Mais là précisément éclate un rapport remarquable du libyque avec le berber actuel comparé aux transcriptions arabes ; la plupart des noms masculins berbers commencent par un *élif* dans les transcriptions arabes, et, en effet, les Berbers, dans la prononciation, attaquent ces noms par le son A ou I ; mais, dans leur écriture, ils ne marquent pour ces sons aucun signe : ainsi, pour m'en tenir à un nom d'homme, ils prononcent *Adam*, mais ils n'écrivent que DM. Ils ont été amenés à considérer le point comme une lettre parce que depuis la conquête des Arabes, ayant adopté pour les usages ordinaires l'écriture de ceux-ci, et n'y trouvant pas de signe de séparation des mots, ils se sont déshabitués de reconnaître cet office dans le point de leur écriture; ils l'ont pris pour une lettre aussi, mais pour une lettre d'un emploi fort vague, très-arbitraire et d'ailleurs rare, qui conserve ce cachet caractéristique de n'être presque jamais écrite qu'à la fin des mots.

Le cercle ponctué au centre, qui, au n° 1 de l'alphabet de Thugga, représente le B, est devenu, au n° 19 de l'alphabet moderne, le signe du Ç ou S, et l'articulation B prend pour caractère, au n° 2, un cercle aussi, mais coupé par un diamètre vertical. Je rechercherai plus loin les causes de ce double changement.

Le n° 5 de l'alphabet moderne se trouve, comme nous l'avons vu, sur plusieurs monuments anciens autres que celui de Thugga; mais on n'a pu alors lui assigner aucune valeur phonétique : rien ne s'oppose donc à ce qu'il ait eu aussi dès l'antiquité le son J ou un son analogue. La même figure a pareillement la valeur Z dans la paléographie grecque et italique.

Il y a en outre, dans l'alphabet moderne, quatre figures au moins qui peuvent, sans trop de difficulté, être ramenées aux lettres homophones de l'inscription de Thugga, savoir : le n° 3 ou G moderne, comparativement au n° 2 de Thugga; le n° 12 ou T', comparativement au n° 4; le n° 13 ou I, comparativement au n° 5; et le n° 20 ou F, comparativement au n° 10.

M. de Saulcy rapproche les deux barres parallèlement transversales de Thugga des deux points posés l'un sur l'autre, et valant OU, c'est-à-dire du n° 9 de l'alphabet moderne. Il s'appuie sur les considérations suivantes :

1° Ces deux barres correspondent, ainsi que je l'ai dit, au mot *ben* valant *fils* du texte phénicien, et en berber un des mots employés pour exprimer la filiation est *ou*;

2° On lit à la troisième ligne du texte phénicien le nom d'homme A'BDSTRT, *Abdastoret* (serviteur de la déesse Astoret); dans le texte libyque, on trouve à la place corrélative les deux barres, plus DSTR, soit = DSTR : or, les auteurs anciens nous ont transmis un autre nom d'homme sous ces formes équivalentes *Bodostor*, *Oudostor*; le savant académicien le regarde comme une altération, par aphérèse de l'*aïn* initial, d'*Abdostor*, *Abdostoret*, et il en conclut que le nom libyque, transcrit OUDSTR, est précisément la seconde forme du nom aphérésé.

3° Il est facile de supposer la réduction des deux barres en deux points et, par conséquent, d'arriver à une analogie graphique fort satisfaisante.

Je ne me dissimule pas la force de ces arguments : cependant je n'y puis soumettre ma conviction; voici à mon tour mes raisons :

1° Il est évident que, dans le cas dont il vient d'être parlé au second point, et dans les endroits où, dans le texte libyque, elles correspondent au mot *ben* du texte phénicien, les deux barres transversales ont une équivalence purement logique et non phonétique. Mais il existe deux autres noms propres où, avec une égale évidence, elles marquent une homophonie, savoir, à la fin de la troisième ligne, dans FL?, et à la fin de la ligne suivante ainsi que de la cinquième, dans ?RS?N; or, la lettre phénicienne équipollente a, dans chaque cas, cette forme 7 : sur quoi, à raison d'une particularité du dernier de ces noms propres, il est d'abord à remarquer que cette autre figure de l'alphabet libyque ⩧ (1) est équivalente aux deux barres transversales : en second lieu, il importe d'observer que la figure phénicienne a toujours la hampe abaissée de droite à gauche, ce qui est l'opposé de celle du *vau*, et l'un des caractères du *kaph*; aussi Gesenius me paraît avoir eu ici raison en adoptant cette dernière valeur. D'ailleurs le texte phénicien présente cinq fois (lignes 3, 4 et 5) une lettre sous ces légères variantes, dont la faible diversité provient vraisemblablement des copistes 𐤊, 𐤊 ; c'est à elle que M. de Saulcy donne, dubitativement, il est vrai, la valeur K : mais le point d'interrogation même avertit qu'il faut examiner le plus ou moins bien fondé de cette détermination. Il y a quatre lettres qu'on ne trouve certainement pas dans la partie subsistante du texte phénicien de l'inscription de Thugga, ce sont ז ou Z, ח ou KH, צ ou TZ, ק ou K'. D'un autre côté, les lettres א ou *alef*, ב ou B, ג ou G, ד ou D, ה ou H, ט ou T', י ou *iod*, ל ou L, מ ou M, נ ou N, ס ou Ç, ע ou *ain*, פ ou F, ר ou R, ש ou S et CH, ת ou T, y existent sous des formes incontestées. Ainsi le caractère phénicien 𐤅 ne peut être qu'un ו, *vau*, ou un כ, K ; et, suivant que l'on aura adopté l'une de ces deux valeurs, l'autre appartiendra nécessairement au caractère 𐤊, sur lequel la discussion porte concurremment. Or, si je ne me trompe, le rapprochement suffit pour trancher la question : en effet, il me semble impossible de préférer pour la première figure la valeur *kaf* à celle du *vau*, à côté surtout de l'autre figure, dont la ressemblance avec le *kaf* plutôt qu'avec le *vau* me paraît par contre incontestable. Je pense donc que les deux noms d'hommes cités en dernier lieu doivent être transcrits FLK et KRSKN (2).

2° La filiation a pour expression, en berber moderne et particulièrement chez les Touaregs, au moins aussi souvent que la syllabe *ou*, un mot écrit ⋊, G, et prononcé *ag* : d'après une transcription des deux barres transversales, l'orthographe antique aurait été K, que je suppose avoir été pro-

(1) Puis-je me dispenser d'en faire remarquer la ressemblance avec l'une des formes du *kaf* ou K arabe, ك, ainsi qu'avec cette variante de la paléographie grecque et italique, ӈ et K?

(2) Par suite aussi l'on doit transcrire VVI et ANKN, les noms d'hommes qu'à la page 13 j'ai provisoirement présentés ainsi : ??I, AN?N. Une autre déduction à tirer de ces données, c'est que la figure ɱ, qu'à la page 14 j'ai laissée dans l'indétermination, est équivalente au *vau* ou V, puisque, dans le nom d'homme du texte libyque répondant à celui du texte phénicien que je transcris ווי, VVI, elle représente, répétée comme lui, le caractère phénicien dont je viens de discuter la valeur et que je regarde comme un *vau*. Cette lettre en effet, sauf la direction, ressemble à la figure W qu'Oudney a donnée sous le nom *yeu*, c'est-à-dire comme sonnant W ou V : la transformation qu'elle a subie est peu considérable, et, quant à l'inversion, on en voit d'autres exemples aux nos 3 et 6 de l'alphabet moderne.

noncé *ak*, mais qui peut avoir été un K adouci, comme le turc ڭ, car, puisque nous avons, pour répondre à une seule figure phénicienne, les deux formes ⊆ et –, il est probable qu'il y avait une nuance de prononciation.

3° Dans les noms propres composés d'un nom de divinité qui précède la syllabe בד, prononcée *Bod*, *Oud*, *ouod* en Afrique et *Bad* en Phénicie (*Badezôros*, Jos. c. Apion. I, 18), cette syllable me paraît une dérivation, non de עבד, A'BD, *serviteur*, mais d'un mot régulier qui, écrit de même en hébreu, y signifie *portion, part, chose séparée, consacrée*. Movers, dans son *Das Opferwesen der Karthager*, page 30, a proposé, après moi et sans me citer, la même étymologie. Si toutefois, dans ce cas unique pour l'inscription de Thugga, le nom libyen *Koudstor* ou *Goudstor* n'est pas complétement la simple transcription du punique *Abdastor*, il en est le synonyme et la traduction s'explique par le berber actuel, qui n'a pas emprunté *Abd* aux langues sémitiques, mais qui possède GOUD, pour *glorifier*, lequel s'applique particulièrement à la Divinité, et ATTEG'AD, pour *serviteur* (à Audjelah, dans Pacho), qui, nonobstant la différence de gutturale dont on a tant d'autres exemples dans les transcriptions modernes, me paraît formé du même radical précédé du T formatif des verbes et des noms d'habitude. Ce radical provient vraisemblablement du phénicien קדד, K'DD, *inclinavit se honoris et reverentiæ causâ*.

4° Quant aux rapports de formes, pour en apprécier la réalité, il faudrait être renseigné sur la règle qui a présidé dans l'alphabet moderne à la formation de lettres au moyen de points. Ce procédé est appliqué à six lettres, dont quatre n'ont pas d'équivalents connus dans le texte phénicien de l'inscription de Thugga : nous ne savons donc si, en principe, ces combinaisons ont eu pour objet de conserver quelque similitude avec les figures antiques ou si l'analogie signalée pour un cas n'est pas fortuite. Au surplus il ne serait pas téméraire, je pense, de rapprocher aussi des deux barres transversales de l'alphabet antique les trois points du n° 14 de l'alphabet moderne valant K. Mais, pour acquérir une opinion mieux fondée sur les rapports de formes des deux alphabets, il faut recourir à un terme de comparaison commun que je suis surpris de n'avoir point vu encore signalé.

Tout le monde s'accorde à reconnaître que les Berbers désignent leurs caractères alphabétiques par le nom de *Tifinag'*. On n'a point recherché l'étymologie de ce nom. Or il me paraît composé de l'affixe *nag'*, pronom de la première personne du pluriel dans le sens possessif, et d'un thème *tafi* qu'on n'a point encore trouvé, je crois, en berber, mais qu'explique l'éthiopien ተፈየ, TFI, *scripsit, misit ad aliquem litteras*. Le mot berber signifie donc *notre écriture, nos lettres*, l'écriture propre aux Berbers. A la vérité, d'un côté, selon M. Hanoteau, *Gramm. tamach.*, p. 5, *tifinag'* est un pluriel dont le singulier est *tafinek'* pour *tafineg't*; d'un autre côté,

M. Barth, *Voy. et découv*, etc., éd. angl., tome V, page 116, donne le pluriel *tifinag'en*. Dans l'un ou dans l'autre de ces cas, *Tafineg't* ou *tifinag'en*, les marques de genre ou de nombre, *t* ou *en*, placées après *nag'*, sembleraient exclure pour cette syllabe la possibilité de représenter le pronom affixe qui devrait suivre et non précéder les terminaisons du nom lui-même. Mais je n'hésite pas à croire que les Berbers, ne possédant pas ou ayant oublié la racine TFI, ont perdu de vue et méconnu la composition primitive du nom *Tifinag'*, et qu'ils l'ont considéré comme un substantif simple, susceptible à ce titre de s'augmenter de désinences indicatives de genre ou de nombre. C'est ce que nous avons à peu près fait, par exemple, pour les mots *monsieur* et *madame*; aussi disons-nous d'une manière analogue *Mon cher monsieur*. C'est ainsi encore que nous avons formé le nom *Patenôtres*. C'est ainsi enfin que les Berbers eux-mêmes ont ajouté, d'une part, au régulier AITMA, *famille de mère, frères*, un pluriel arbitraire ITMATEN, *frères*; d'une autre part, au pluriel régulier ISETMA, *filles de mère, sœurs*, un duel arbitraire TISMATIN, *les deux sœurs*. L'origine éthiopienne du thème, dans le nom berber dont il s'agit, apparaît clairement lorsqu'on reconnaît qu'en effet le fond de l'alphabet berber est emprunté aux alphabets himyarique et éthiopien, lesquels sont eux-mêmes identiques entre eux. On s'en convaincra, je pense, en examinant le tableau ci-joint :

TABLEAU N° 3.

Alphabets comparés.

Nos d'ordre.	BERBER antique ou libyen.	BERBER moderne ou des Touaregs.	HIMYARIQUE.	GYYZ ou ÉTHIOPIEN.
1	ⵙ = ב; B, V.	ⴱ = B, V.	𐩥, = V, OU.	ወ = ו; V, OU.
2	ⵖ = ג; G.	Ï = G.	𐩴 = G.	ገ = ג; G.
3	Π = ד; D.	Π = D.	....	ደ = ד; D.
4	m = ו; W, V, OU.	W = W, V.	∞ = V, OU.	....
5	....	⁝ = OU.	∘∘ = V, OU.	....
6	H, ⵊ = ?	ⵊ = J.	ⵊ = Z.	H = ז; Z.
7	....	ⵣ, ⵣ, ⵣ = Z.	ⵣ, ⵣ = Z.	....
8	ⵟ = ט; T'.	∃ = T'.	𐩷 = T'.	ጠ = ט; T'.
9	Z = י; J. Y.	ⵢ, Σ = J, Y.	𐩺, Y = J, Y.	የ = י; J, Y.

TABLEAU N° 3 (*suite*).

Alphabets comparés.

Nos d'ordre.	BERBER antique ou libyen.	BERBER moderne ou des Touaregs.	HIMYARIQUE.	GYYZ ou ÉTHIOPIEN.
10	⥢ = כ; K.	∴ .∵ = K.	ᐱ = K.	ከ = כ; K.
11	II = ל; L.	II = L.	1 = L.	ለ = ל; L.
12	⊐ = מ; M.	⊐ = M.	ᛒ = M.	....
13	I = נ; N.	I = N.	ᛋ = N.	ነ = נ; N.
14	C = ס; Ç.	....	ሰ = Ç.	ሰ = ס; Ç.
15	ⴳ = פ; F. P.	ⵈ, ⵊ = F. P.	....	ጰ = פ; F, P.
16	ⴳ = ס; Ç.	ⵟ = T'.	8 8 ⴳ = TS; T.	ጸ = צ; Ts.
17	....	ⵙ = S.	⊟ = TZ.	ፀ = צ; Tz.
18	....	⋈ = G.	ቅ = K'.	ቀ = ק; K'.
19	ⵛ = ש; S, CH.	ⵞ = CH.	Σ, ⵣ, 3 = CH.	ሠ = ש; S.
20	+ = ת; T.	+ = T.	X = T.	ተ = ת; T.

Avant d'entrer dans les détails de ce tableau, il importe de s'arrêter à quelques observations générales, savoir :

1° Les assimilations alphabétiques données par les Berbers ne doivent pas être prises toutes à la rigueur; plusieurs ne sont que des indications approximatives qui varient dans les divers spécimens suivant les nuances de prononciation des caractères qu'elles concernent et des lettres arabes qu'on y fait correspondre; c'est ainsi que nous-mêmes nous rendons différemment le ت, le ث, le ج, le خ, le ذ, le ض, le ظ, le غ, enfin le ق. Quelques assimilations himyariques laissent aussi de l'incertitude, ainsi que M. Osiander en particulier l'a si bien démontré dans le *Journal de la Société orientale d'Allemagne*, t. X, 1er cahier. Il est possible que, pour la transcription de lettres libyques, les Phéniciens d'Afrique eux-mêmes, ne se guidant que sur le son et ignorant les rapports originaires, aient rendu les noms propres exactement sous le point de vue phonétique, mais non sous le point de vue étymologique, en d'autres termes, qu'ils aient transcrit par un ס = Ç ou S, par exemple, un caractère qui originairement équivalait au צ, mais que les Libyens prononçaient sans doute tantôt S, tantôt T ou DH, comme les Arabes la lettre de leur alphabet qui y correspond aussi. Nous nous rapprocherons autant que possible, je crois, de la vérité en prenant pour base de comparaison l'alphabet éthiopien.

2° La direction des figures, sauf un petit nombre d'exceptions, est indifférente. Oudney l'a dit relativement aux caractères touaregs, et en effet, dans le tableau n° 2, nous voyons des figures semblables dirigées différemment aux numéros 3, 4, 6, 10, 14 et 20. De même, au tableau n° 3, nous remarquons une divergence d'un quart de cercle entre les signes n° 10 de l'alphabet himyarique et le signe correspondant de l'alphabet éthiopien. On ne doit donc pas être surpris de trouver, de l'alphabet berber à l'alphabet himyarique ou éthiopien, des différences analogues, telles que celles qu'on peut observer aux numéros 2, 8, 10 et 14 du tableau n° 3. La paléographie grecque présente des exemples pareils, entre autres Λ, V = L, Σ, M = S.

3° Indifférente est aussi la forme arrondie ou angulaire des lignes qui constituent les lettres. Les alphabets himyarique et éthiopien confirment à cet égard, aux numéros 8, 16, 18 et 19, ce que j'ai déjà énoncé pour l'alphabet berber et ce que l'on constate positivement aux numéros 2, 6, 18 et 22 du tableau n° 2. C'est d'ailleurs un fait avéré en épigraphie : « Figura angulata est a sculptoribus qui literas rotundas, quas scalpro exprimere non possunt, angulatas faciunt, » dit Wachter *in Naturæ et scripturæ concordia*, 55. On lit pareillement dans Richard Payne, *An analytical Essay on the Greek Alphabet*, page 5 : « Antiquaries have observed that, in Manuscripts, the round forms mostly predominate in the letters, and in Inscriptions the square, because the forms are more easily written, and the latter most easily carved. »

Ces préliminaires établis, abordons les détails du tableau n° 3 ou des alphabets comparés.

Le n° 1 berber, transcrit ב en phénicien et ب en arabe, soit B ou V, correspond, dans la forme moderne, à l'une des variantes du *vau* himyarique et au *vau* éthiopien. La forme antique me paraît pouvoir être aussi rattachée à la première figure himyarique, autre variante du *vau* tirée des manuscrits de Berlin ; on voit pareillement au n° 5 des points remplacer en berber de petits cercles himyariques : la réduction des deux petits cercles en un seul point ne me paraît pas de nature à embarrasser. La figure berbère se prononce souvent V ; en outre les permutations des articulations B, V, OU, sont très-fréquentes ; la représentation par une figure semblable à celle du *vau* himyarique et éthiopien n'a donc rien de surprenant (1). De

(1) Les manuscrits de Berlin portent cette variante du *vau* himyarique ♀ ; on peut rappocher de cette figure le *phi* grec, et du ⊞ berber l'ancien égyptien ⊟ qui vaut P. Ces rapprochements de divers degrés de l'articulation labiale sous des variantes d'un même type graphique concourent à expliquer la ressemblance du *beth* berber avec le *vau* himyarique et éthiopien.

même, dans la numération grecque au moyen de la série alphabétique, le *vau* intercalé comme signe du nombre *six* se nommait *bau* (Episèmon bau).

Le n° 2 antique, ou G, abstraction faite de la direction, a une ressemblance manifeste avec les figures homophones dans les alphabets himyarique et éthiopien. La figure berbère moderne me semble pouvoir être rattachée sans trop de difficulté.

Le n° 3 berber n'a point d'analogue en himyarique : la similitude avec le caractère éthiopien paraîtra peut-être même contestable; cependant on verra par des exemples ultérieurs que l'appendice qui s'élève du milieu de ce caractère peut n'être pas essentiel; alors la base, restant seule, me semble permettre l'assimilation.

Les caractères 4 et 5 sont des éléments de la discussion à laquelle je me suis déjà livré relativement à la valeur phonétique des deux barres parallèlement transversales du texte libyen de Thugga, savoir *vau* selon M. de Saulcy, ou *kaf* selon moi. Comme conséquence de mon opinion, le signe antique n° 4 répondrait au *vau*, et il me paraît, en effet, en ne tenant pas compte de l'inversion, pouvoir être comparé au signe qu'Oudney, en le dénommant *yew*, a différencié des deux points du n° 5 dont il a exprimé la valeur par *you*. L'assimilation est fondée sur des exemples analogues : ainsi le *sin* ou *chin* phénicien présente ces variantes : W, ω, ψ, ɰ, et nous voyons au n° 19 de notre tableau n° 3 un rapport semblable entre les figures de l'alphabet himyarique et celles de l'alphabet éthiopien. En second lieu, les variantes antique et moderne du n° 4 de l'alphabet berber me paraissent des altérations de la variante du *vau* himyarique que j'ai mise en regard. En effet, on observe pour le cercle simple une modification semblable dans le *g'ain* himyarique, qui offre ces transformations : ٩, ٦, ٦. Quant aux deux points du n° 5, qui ont paru comparables aux deux barres transversales, et, par suite, justifier pour celles-ci l'assimilation au *vau*, ils me paraissent pour le moins aussi faciles à rapprocher des deux petits cercles de l'alphabet himyarique (1), puisque nous avons plusieurs fois constaté qu'on peut négliger les différences de direction. Ces considérations nouvelles m'affermissent donc dans l'opinion que j'ai précédemment émise.

Au surplus, il y a peut-être une autre manière d'expliquer les deux points placés l'un au-dessus de l'autre et valant *vau* dans l'alphabet berber

(1) Dans l'alphabet étrusque et dans d'autres branches de la paléographie italique, le F, le PH et quelquefois le V, sont représentés par ces figures 8, Φ, ⊖, ◆, ⊏⊐; on en reconnaît sans peine la ressemblance avec des variantes du *vau* himyarique ; or, la direction verticale du *huit de chiffre* concourt à justifier le rapport que j'établis avec les deux points équivalents au *vau* dans le berber moderne, et cette conjecture se fortifie singulièrement par la coexistence de ces variantes de PH et F en étrusque, ↄ, 8, selon Gori.

moderne. Il y a, dans le texte libyen de l'inscription de Thugga, à la sixième ligne, un caractère ainsi tracé ∸. J'ai dit plus haut que la valeur en est indéterminée. Cependant, dans mon *Essai démonstratif*, etc., je l'ai dubitativement présenté comme une seconde forme du *vau*. Nous voyons pareillement, pour ces deux articulations, deux variantes dans l'alphabet berber moderne; l'alphabet himyarique en compte quatre, dont trois se montrent dans une même inscription. La coïncidence peut donc exister dans l'inscription de Thugga. Nous avons vu que l'une des variantes du *vau* himyarique est telle Φ, et j'en ai signalé la ressemblance avec le φ ou ϕ grec. Or, une des variantes paléographiques de ce *phi* est ·|·. Il est donc possible qu'une semblable modification du *vau* himyarique ait engendré la figure libyque dont je parle, laquelle ne diffère que parce qu'elle est couchée au lieu d'être verticale, et que l'alphabet moderne n'en ait conservé que les deux points. Il y a plus d'ailleurs : l'alphabet étrusque a en effet cette variante du PH ou F, ⊖; l'analogie y est encore plus frappante. Cependant, je l'avoue derechef, l'assimilation du caractère libyen dont il s'agit ne s'appuie pas, comme les autres déterminations, sur la base solide de quelque nom propre; elle ne repose que sur la traduction hypothétique d'un nom commun, et bien que, jusqu'à présent, rien ne me porte à modifier la phrase dans laquelle je place ce mot, je conçois que ma leçon puisse n'être pas agréée de tout le monde. Je m'en tiens donc, pour les deux points du berber moderne, à l'analogie avec les deux petits cercles himyariques.

En revenant au tableau n° 3, je passe rapidement sur les caractères 6 et 7, car les rapports me paraissent assez frappants.

Le n° 8 n'exigerait pas non plus qu'on s'y arrêtât s'il n'était curieux de faire remarquer qu'en ce qui concerne le trait saillant, le signe berber antique est au signe moderne exactement comme la figure himyarique à la figure éthiopienne : c'est un des exemples qui prouvent que ce trait souvent n'est pas essentiel dans la composition d'un signe alphabétique.

Glissons, afin d'abréger, sur le n° 9, et bornons-nous à en dire que la figure libyenne est aussi celle du *iôta* dans la paléographie grecque.

Le n° 10 se rattache par le caractère libyen à la question des deux barres transversales de l'alphabet antique; j'ai déjà dit, en effet, que ces deux signes doivent être homophones ou représenter avec le n° 2, dont l'analogie graphique ne doit pas échapper, des nuances de l'articulation gutturale. Le n° 10 ancien, dans mon opinion, équivaut donc au K, de même que les trois points de l'alphabet moderne. Ces trois points me paraissent un abrégé du signe himyarique, mais dirigé de droite à gauche au lieu d'être vertical, du moins dans la première variante. Quant au caractère libyen, il représente, si je ne me trompe, avec le même changement de direction, et le signe himyarique et surtout le signe éthiopien, car, s'il est ouvert tandis que les deux autres sont fermés à l'une de leurs extrémités, cela ne s'oppose pas plus à l'assimilation que la même circonstance à l'égard du caractère qui suit immédiatement.

Rien à dire sur le n° 12, si ce n'est qu'il peut être aussi comparé à l'une des figures valant pareillement M dans l'alphabet égyptien, tant hiéroglyphique que démotique.

Au n° 13, la réduction de la ligne brisée ou nasiforme des alphabets himyarique et éthiopien à la ligne droite des alphabets berbers antique et moderne se montre, pour la même lettre ou N, dans l'alphabet phénicien suivant que l'on examine l'écriture normale des hauts temps ou l'écriture altérée des temps inférieurs : c'est une des modifications les plus simples qu'offre la paléographie ; il n'y a pas lieu de s'y arrêter. Cette simplification, commune à l'alphabet berber antique et à l'alphabet moderne, ainsi que celle du n° 11 ou L, aurait eu l'inconvénient d'amener de la confusion lorsque, par exemple, la barre verticale formant le N aurait dû être écrite à côté des deux barres pareillement verticales constituant le L, etc. ; mais pour l'alphabet moderne, M. Hanoteau, à la page 6 de sa Grammaire, nous apprend « que lorsqu'un *ien* ou I suit immédiatement un *iel* ou II, on écrit ordinairement le *ien* un peu plus bas, de manière à n'avoir pas trois traits sur le même alignement, ou réciproquement ; lorsque deux *ien* se suivent, on évite de les faire parallèles, afin d'empêcher la confusion avec le *iel*. » Un procédé semblable, et cela me paraît bien digne de remarque, avait été déjà suivi dans l'inscription de Thugga ; ainsi, pour les noms d'hommes, à la sixième ligne, MSDL est écrit de cette manière : ||⊓Ẍ⊐ ; NMFSN, |X̣X\/ ; à la ligne suivante : BLL, //||⊙ ; à la cinquième ligne, un verbe à la troisième personne pluriel masculin, KSLN, est rendu de cette façon : /||(⇇.

Le caractère libyen n° 14 du tableau n° 3 n'a point de similaire dans le berber moderne. En himyarique, on trouve aussi un demi-cercle dans la même direction ; mais, selon Fresnel, il y vaut R. Je pourrais à cette occasion invoquer les rapports des articulations R et S prouvés par de nombreux exemples en grec et en latin ; mais je suis persuadé que, si le demi-cercle himyarique sonne réellement R, la ressemblance de forme est fortuite : la figure libyenne se rattache, selon moi, beaucoup plus sûrement à la figure homophone en himyarique et en éthiopien. En effet, dans celle-ci, le trait saillant à la partie supérieure peut être négligé, ainsi que je l'ai déjà dit ; c'est un signe diacritique qui était nécessaire en himyarique et en éthiopien parce que, sans lui, le caractère aurait pu être pris pour celui qui, dans ces alphabets, vaut B ; mais cette condition n'existe pas en libyen et non plus, par conséquent, l'appendice accessoire. Outre l'exemple déjà cité en preuve de la caducité de ce trait, je ferai remarquer que le H a cette figure en himyarique Y, et celle-ci en éthiopien U, c'est-à-dire que, d'un alphabet à l'autre, le trait saillant a disparu : c'est le même procédé que j'applique à notre n° 14. Restent donc ces figures : en libyen C, en himyarique et en éthiopien ⊓, lesquelles ne diffèrent plus que par des circonstances secondaires et indifférentes, la forme carrée au lieu de la forme demi-circulaire, et la direction verticale dans un cas, transversale dans l'autre. Il serait super[illegible] je pense, d'insister davantage.

Le nº 15 confirme ce que je viens de dire au sujet du rôle accessoire du trait saillant; en effet, à part ce point, il est impossible, je crois, de nier l'analogie du caractère libyen avec le caractère éthiopien. La paléographie étrusque a cette variante du PH ou F, 8.

Au nº 16, le signe libyen vaut incontestablement Ↄ ou Ç, comme le nº 14, dans l'inscription de Thugga. Il est impossible, ce me semble, de ne pas le comparer au berber moderne et aux caractères himyariques que je lui assimile. Cependant le caractère berber, qui a d'ailleurs une grande ressemblance avec l'une des figures publiées par Scholz et par Pacho, est rendu par le ט ou T' hébreu dans un spécimen de M. Boissonnet ; les deux premières lettres himyariques répondent quelquefois au ت ou T arabe, mais beaucoup plus souvent au ث, TS, dans les inscriptions; le dernier caractère est transcrit T par Fresnel. Ces différences ne sont probablement qu'apparentes; elles tiennent à l'une des circonstances générales que j'ai précédemment signalées, savoir la confusion de certaines articulations dans les transcriptions d'un alphabet à un autre : les articulations que je viens d'indiquer, en particulier le Ç ou le S, le T' et le TS, sont précisément en effet de celles qui se prêtent le plus à cette confusion ; elles permutent souvent soit d'une langue sémitique à une autre, soit dans la même langue. Or, il est peu vraisemblable que l'alphabet libyen ait eu deux figures pour représenter exactement le son unique répondant au *samech* phénicien. Le ט, au contraire, a pu recevoir deux signes répondant au ط et au ظ arabes, ou T', TH, et TZ, ZZ : dans ce cas, notre caractère libyen représenterait la seconde de ces articulations, que les Phéniciens auraient rendue par *samech*. Mais comme l'origine me paraît être dans l'alphabet himyaro-éthiopien, je suis plus porté à adopter, pour valeur fondamentale, celle du ث arabe ou TS, qui est, dans les inscriptions, celle des deux premières figures. Les Berbers, en transcrivant leur lettre moderne, ont pu facilement la confondre avec le ظ arabe, tandis que la transcription par *samech* a pu, avant eux, paraître plus juste aux Phéniciens.

Pareille détermination a été prise par les Berbers modernes à l'égard de leur signe de la seizième série. Du son complexe du *tsadé*, auquel répondent les caractères himyarique et éthiopien, ils ont choisi le S. Les trois signes comparés représentent autant de variantes du *thêta* grec (1) ; or, si

(1) Le *thêta* a deux formes essentiellement dissemblables : ϑ et Θ; ces différences accusent des origines différentes aussi : en effet, la première figure est le ט ou T' phénicien ou chaldaïque, couché de droite à gauche au lieu d'être vertical ; la seconde est le *tsadé* ou TZ, TS de l'alphabet himyaro-éthiopien, comme nous venons

cette lettre était généralement prononcée comme de nos jours le *th* anglais, c'est-à-dire avec un bruit de succion, on sait que cependant en Laconie on le remplaçait souvent par le *sigma*. Les Grecs rendaient souvent aussi par S le *tsadé* phénicien. M. Boissonnet, sans aucune préoccupation des rapprochements auxquels nous nous livrons en ce moment, a en effet assimilé le signe berber dont il s'agit au *tsadé* hébreu.

J'ai précédemment fait remarquer que le cercle ponctué au centre, que nous venons de voir répondre à Ç ou S dans l'alphabet berber moderne, était dans l'inscription de Thugga le signe du B ou V, mais que cette articulation, dans l'alphabet moderne, a pris pour signe un cercle coupé par un diamètre vertical. Cette modification me paraît facile à expliquer.

En effet, il est probable que primitivement le B avait les deux signes ⊙ et ⦶ ; d'un autre côté, l'exemple du *thêta* grec et celui du caractère himyarique et du caractère éthiopien n° 16, donnent à penser que l'articulation berbère corrélative avait aussi ces deux variantes ⊙, Θ ou ⊖ : dans ce cas, la confusion était facile ; c'est vraisemblablement pour l'éviter qu'on a réduit de part et d'autre l'articulation à un seul signe, en prenant exclusivement pour l'une ⦶ et pour l'autre ⊙.

La figure n° 18 de l'alphabet berber a une ressemblance trop frappante avec une variante du *k'of* phénicien pour qu'on la méconnaisse : à ce titre, la parenté avec les figures himyarique et éthiopienne que j'en rapproche ressort d'elle-même. M. Hanoteau présente comme équivalent au *k'of* dans l'alphabet moderne trois points ainsi disposés ∴, dont le nom est *iak* ; les deux opinions, si elles doivent être maintenues, sont faciles à concilier. En effet, la prononciation primitive, parmi les Libyens, a probablement été une nuance du G, prononciation si répandue encore en Algérie et surtout dans le Maroc. Mais plus tard les relations avec les Arabes introduisirent concurremment la prononciation K', et de là la nécessité de créer un nouveau signe, savoir les trois points dont nous venons de parler. Je reviendrai bientôt cependant sur cette question, qui comporte peut-être une explication plus radicale.

Tout ce qu'il y aurait à dire sur les deux dernières séries saute aux yeux ; je m'abstiens donc d'y arrêter le lecteur, dont l'attention est peut-être fatiguée par l'aridité des remarques précédentes, et qui, d'ailleurs, suppléera facilement à mon silence.

Cinq lettres manquent dans notre tableau n° 3, savoir celles qui répondraient en hébreu à א, aspiration douce, à ה = H, à ח, divisé en arabe en ح = H', et خ = KH ou KHR, à ע, divisé aussi en arabe en ع aspira-

de le voir. C'est ainsi que, des deux formes du *gamma* Γ ou Γ et γ, la première appartient à l'alphabet phénicien, où elle constitue en effet le ג ou G ; l'autre est le ע chaldaïque dans sa prononciation G' ou le *g'aïn*, tandis que l'*aïn* phénicien n'a été adopté que dans sa fonction de porte-voyelle et exclusivement de la voyelle O, qui en a conservé la forme.

tion, et غ = G'; enfin à ר = R. La dernière de ces lettres seulement se trouve dans l'inscription de Thugga ; elle y est formée par le cercle simple ; dans les alphabets himyarique et éthiopien, ce cercle représente l'*aïn* comme en phénicien ; il vaut R dans l'ancien égyptien.

Je me suis expliqué déjà sur le point unique, qui a été considéré comme l'équivalent de l'*alef*.

Le *Hé* ou H, dans l'alphabet moderne, est exprimé par quatre points superposés verticalement : aucune assimilation possible.

Le *H'a* ou H', et le *kha* ou *khra*, selon M. Hanoteau, n'auraient, chez les Touaregs, qu'un signe, savoir, quatre points comme l'aspiration précédente, mais disposés carrément ; suivant M. Bargès, ils auraient chacun un signe particulier, le *h'a*, les quatre points dont je viens de parler, le *khra*, cette figure [illegible]. M. Hanoteau ajoute que le *iakh*, ou l'articulation unique qu'il dit réunir le *h'a* et le *khra* arabes, mais qui a un signe spécial dans l'alphabet de M. Bargès, se rencontre rarement en tamachek, et toujours dans des mots qui paraissent étrangers à cette langue, ce qui le porte à croire qu'il n'appartenait pas originairement à l'alphabet dont nous nous occupons. Le motif de cette opinion ne me paraît rien moins que décisif, car, ainsi que je l'ai dit dans le préambule de ce mémoire, la langue berbère me semble en très-grande partie composée de mots étrangers. Cependant il y a encore, à cette occasion, un curieux rapprochement à faire avec l'himyarique et l'éthiopien, nonobstant la différence des caractères homophones. En himyarique, l'analogie des trois aspirations citées en dernier lieu est exposée aux yeux par la ressemblance des figures quant au trait principal ; ce sont en effet :

	1.	2.	3.
Arabe........	ه	ح	خ
Himyarique...	Y	Ψ	Y
Français......	H.	H'	KHR.

En éthiopien, les figures des deux premières aspirations seules se ressemblent entre elles, et ressemblent aux figures himyariques. L'analogie de la troisième est d'une autre sorte. Voici les trois caractères :

ሀ (1). ሐ (2). ኀ

Dans ces spécimens, c'est la troisième figure qui répond à la prononcia-

(1) J'ai déjà cité cet exemple de la caducité du petit trait saillant qui se trouve au-dessous du caractère corrélatif en himyarique.

(2) Exemple de la différence de direction de figures équivalentes.

tion *kh* ou *khr*, indiquée pour le *iakh* par M. Hanoteau, et considérée par lui comme absorbant le *h'a* arabe, tandis que, suivant M. Bargès, elle en est distincte. Ce que je tiens à faire ici remarquer, c'est qu'en himyarique la figure correspondante représente, non une lettre simple, mais une lettre composée. En effet, dans la même langue, le R a, entre autres signes, celui-ci ⵃ ; le caractère himyarique est donc évidemment composé de cette lettre et du Y ; l'observation est d'autant plus sûre qu'on a encore pour le R cette figure <, et pour le *khra* celle-ci Ɣ. Le *khra* a donc été formé après coup ; il n'est pas primitif ; le son qu'il représente n'appartenait pas originairement à la langue, et si l'opinion identique de M. Hanoteau au sujet du *iakh*, en tant que prononcé *kh* ou *khr*, est exacte, il sort de là encore un rapprochement caractéristique. Mais on doit aller plus loin. J'ai dit que si, en éthiopien, la figure corrélative n'est pas semblable, comme les deux précédentes, à celle de l'alphabet himyarique, il y a cependant une analogie d'une autre sorte : c'est qu'elle a aussi le R pour élément ; la partie principale de sa charpente est le R, auquel on a ajouté du côté gauche un petit crochet diacritique ; il est fait allusion à cette particularité par le nom de la lettre *harm*, dans laquelle sonne le R, combiné avec le *ha* (1). Mais par cela même que le son était étranger à l'idiome, il est tombé en désuétude ; Ludolf dit en effet : « Litteræ vero « quædam nominibus tantum et figuris, non autem pronunciatione inter « se differunt. Verisimile quidem est olim discrepasse, sed cum tempore, « ut fieri solet, sonum mutavisse. Illæ autem sunt ሀ : ሐ : et ኀ quæ « eodem modo ut H simplex pronunciantur ; ultimum Harm tantum fortiori « halitu exprimitur, nullatenus tamen ut *ch* Germanorum. » En berbère, on a peut-être aussi voulu exprimer l'analogie phonétique par l'égalité du nombre des points, tout en disposant ces points de deux manières. Mais ce qu'il m'importe surtout de faire encore observer c'est que, dans le caractère *kha* ou *khra* de M. Bargès, le trait flexueux qui part du point inférieur gauche (2) pour s'étendre transversalement à droite, offre, à part la direction, la plus grande ressemblance avec le ر ou R arabe, en sorte qu'il y a, à ce sujet aussi, une frappante concordance entre les trois alphabets

(1) La figure a peut-être cependant plus de ressemblance avec le *nahas* ou *na*, et le voisinage immédiat des deux lettres, tandis que le *rygs* ou *Ra* est à cinq rangs plus haut, tendrait à infirmer de préférence ce rapprochement. Mais il n'y a certainement aucun rapport entre l'aspirée dont il s'agit et le N, tandis qu'en arabe, dans l'Algérie du moins, elle se combine, se confond quelquefois même avec le R, de telle sorte qu'elle est rendue tantôt par *khra*, tantôt par *rra*. Il y aura eu méprise lorsque l'ordre primitif des lettres a été changé : la forme himyarique me semble péremptoire.

(2) Dans les spécimens alphabétiques donnés par M. Hanoteau à la fin de son *Essai de gramm. kabyle*, où le trait est réduit à une petite virgule courbée de gauche à droite, l'origine est plus manifeste encore.

mis en parallèle dans le tableau n° 3, bien que, sous le rapport des figures, les caractères corrélatifs n'aient pu y trouver place.

Quant à l'*aïn* et au *g'aïn*, M. Hanoteau en fait l'objet de la remarque suivante : « Le ⁝ *ier'* (*ieg'* ou *gaïn*) a le son du غ arabe, c'est-à-dire d'un *r* fortement grasseyé (*g'*). Le ع (*aïn*) n'existant pas en tamachek, les Imouchar' (Imouchag') le remplacent toujours par le ⁝ *ier'* (*ieg'*) dans les mots qu'ils ont empruntés à l'arabe et qui renferment cette lettre (*aïn*). » Cependant M. Bargès porte les deux variantes *aïn* et *g'aïn*, mais il donne pour signes à la première les trois points placés verticalement que nous venons de voir considérer comme le *g'aïn* par M. Hanoteau, et à la seconde les trois points placés transversalement, que j'ai déjà signalés comme présentés par M. Hanoteau pour le *k'of*, en annonçant que j'y reviendrais. Il y a donc ici, entre les deux auteurs, une divergence semblable à celle que nous avons constatée à l'égard du *h'a* et du *kha* ou *khra*. La vraisemblance, jusqu'à plus ample information, me paraît du côté de M. Bargès (1). En effet, la langue berbère, prise dans son ensemble, contient certainement des mots dans la composition desquels l'étymologie implique un *aïn*, d'autres un *h'a*, et où chacune de ces lettres n'est employée que comme porte-voyelle avec emphase ou aspiration. Cela fait disparaître pour le *k'of* le double emploi dont j'ai parlé précédemment. Quoi qu'il en soit, il est singulier qu'ici encore une des variantes paraisse n'avoir existé primitivement ni en himyarique ni en éthiopien, et, à l'inverse de ce qui, selon M. Hanoteau, a lieu en berber, ce serait l'articulation rude comme dans le cas précédent ; en effet, dans ces deux langues, le signe qui répond à l'*aïn* est une lettre simple, un cercle, de même qu'en phénicien ; mais le *gaïn*, en himyarique, est représenté par une lettre double, une figure composée du *geml* ou G, et de l'*aïn* dont je viens de parler ; en éthiopien, il est supprimé, remplacé par le *geml*.

Il ne me reste à signaler qu'un rapport entre les alphabets mis en comparaison dans le tableau n° 3 ; c'est ce que les Allemands appellent l'interponction, c'est-à-dire la séparation des mots par un signe particulier. Nous avons vu que, dans l'inscription de Thugga, ce signe est un point : on ne le voit pas, ou l'on ne le voit que rarement dans les autres fragments que l'antiquité nous a légués ; il n'existe pas dans l'écriture berbère moderne. En himyarique et en éthiopien, l'interponction a constamment lieu ; c'est dans la première de ces langues une ligne verticale ; dans la seconde deux

(1) Je dois cependant faire remarquer qu'Oudney assigne aux trois points superposés verticalement le nom *Youk*, ce qui implique le son K, voisin de celui du *g'aïn*. Il ne mentionne pas les trois points placés transversalement ; mais, comme il dit, d'une manière générale, que les signes s'écrivent indifféremment en divers sens, peut-être, dans son opinion, le ⁝ et le ... étaient-ils en réalité homophones ; ils seraient alors, l'un et l'autre, équivalents au *g'aïn*, et, d'un côté, le signe 18 du tableau n° 3 resterait seul pour le *k'of* : d'un autre côté, il n'y aurait effectivement point en tamachek' d'*aïn*, ainsi que M. Hanoteau l'a déclaré.

points l'un au-dessous de l'autre. Le point libyen paraît donc la plus simple expression du signe commun.

En somme, et par la dénomination générique de leur système d'écriture, et par la ressemblance de la plupart de leurs lettres avec les caractères alphabétiques des Himyarites et des Ethiopiens, les Berbers ont avec ces deux peuples un rapport, à mon avis, fort digne de considération. Nous aurons à rechercher dans la suite si l'on peut en déduire d'autres données. Pour le moment, j'abandonne le sujet aux méditations des lecteurs, et je me borne à rappeler comme complément, d'une part, qu'Hérodote, l. II, ch. 42, dit que les Ammoniens, c'est-à-dire les Berbers de l'oasis de Santoriah ou Syouah (1), étaient une colonie d'Égyptiens et d'Ethiopiens, et qu'ils faisaient usage d'une langue qui participait de celle de chacune de ces nations; d'une autre part, que plusieurs auteurs arabes ont donné aux Berbers de l'Afrique occidentale une origine himyarique; enfin, ainsi que Movers le rapporte dans ses *Phéniciens*, t. II, 2e partie, page 388, qu'une légende était accréditée chez les Grecs, selon laquelle, de l'union d'*Ethiops* et de *Libye*, serait né *Mauros* ou *Garamas*, légende que les généalogistes berbers se sont appropriée en traduisant *Ethiops* par *Kaïs* et *Libye* par *Tamzig'* ou *Tamzigt* (2).

II. — DÉNOMINATIONS ETHNIQUES : NUMIDES, MAURES, AMAZIG'S.

Le nom *Tamazig'* ou *Tamazig't*, qui termine le paragraphe précédent, est, sauf la variante de prononciation, identique à *Tamachek'* pour *Tamacheg't*, par lequel les Touaregs en particulier désignent leur langue propre, dialecte de la langue berbère en général. C'est le féminin de *mazig'*, *amazig'*, *macheg'*, *madjeg'*, *mahig'*, variantes de la dénomination ethnique par laquelle les Berbers, et surtout les Touaregs, se qualifient eux-mêmes. Je me propose ici de rechercher l'origine et la signification réelle de cette appellation, qui vient de nous être donnée comme synonyme de *Libye*.

Hérodote a parfaitement établi les grandes divisions ethniques des anciennes populations de l'Afrique, dans laquelle alors on ne comprenait point l'Égypte. Il distingue deux races autochthones : au septentrion les *Libyens*, au midi les *Éthiopiens*. Aux premiers répondent les *Berbers*, selon la dénomination moderne, c'est-à-dire l'ensemble des peuplades qui parlent la langue dont nous avons entrepris l'étude, du moins partielle, au point de vue des origines, peuplades dont plusieurs emploient l'écriture que nous avons examinée dans le paragraphe précédent. Le père de l'histoire les subdivise en *Nomades*, avec des logements portatifs, depuis l'Égypte

(1) On y parle un dialecte berber, et Pacho y a vu des caractères semblables à ceux que Scholz avait déjà signalés.

(2) Voy. *Ibn Khaldoun*, trad. de M. de Slane, t. I, p. 180.

jusqu'au lac Triton, et en *Agriculteurs*, avec des habitations fixes, à l'occident de ce lac; il donne à ceux-ci le nom enchorial de *Maxyes*.

Après l'illustre écrivain d'Halicarnasse, ces notions si claires se sont obscurcies dans l'esprit des auteurs grecs et latins; on trouve dans leurs livres des noms ethniques qui, sous diverses formes orthographiques, ont plus ou moins de similitude avec *Maxyes*, par exemple, *Mazyes*, *Masices*, *Mazaces*; mais ils ne s'appliquent qu'à des fractions plus ou moins restreintes de la population. Le nom *Nomade*, transformé en *Numide*, a seul subsisté dans son acception générale; on lui a opposé, comme appellation d'une autre grande division, celui de *Maure*, auquel fait allusion le nom personnel *Mauros*, dans la légende généalogique rappelée à la fin du précédent paragraphe, et qui a pris plus tard une telle extension, qu'il a presque complétement éclipsé l'autre.

Aujourd'hui les *Berbers* se donnent, comme je l'ai dit, une dénomination commune, savoir : *Mazyg'*, etc. On reconnaît facilement, dans les variantes dialectiques, de l'analogie avec l'antique *Maxyes* ou *Mazyes*, *Masices*, etc.; mais je reviendrai sur ce point.

L'appellation générique *Libyens*, transmise par l'antiquité, est reconnue pour sémitique; on peut la tirer de l'éthiopien ou du phénicien; dans l'un ou l'autre cas, elle signifie *brûlés par la chaleur*. Je n'en connais aucun vestige dans l'idiome berber actuel; on s'en est d'ailleurs occupé déjà beaucoup; inutile donc de s'y arrêter.

L'opposition entre NOMADE, *pasteur*, et AGROTÈRE, *laboureur*, *agriculteur*, dans le passage d'Hérodote, est rationnelle; la distinction, aujourd'hui encore, est caractéristique. Il est à regretter que l'immortel historien n'ait point fait connaître l'équivalent indigène du premier terme comme il l'a fait pour le second. Celui-ci paraît trouver sa justification dans le nom appellatif féminin THA-MAZIG'-TH, *terrain cultivé*, du berber actuel. Or le thème de ce nom, savoir ZIG', peut se rapporter à l'hébreu, par conséquent au phénicien שׁוע, ישׁע, שׁע, *Amplus fuit*, *dives fuit*, *opibus polluit*, car c'était alors, en Afrique surtout, le propre de l'agriculture plutôt que de la vie exclusivement pastorale de donner l'opulence : c'était, en particulier, la source de la richesse des plus grands personnages de Carthage, selon Polybe, qui s'exprime à ce sujet en ces termes : « Les Carthaginois se sont livrés à l'agriculture, et c'est la base de leur fortune particulière. » Diodore de Sicile, L. XX, ch. 8, fait le plus brillant tableau de la campagne cultivée, entre la côte et la ville carthaginoise de Mégalopolis, à l'époque du débarquement d'Agathocle. Les Libyens qui, fixés dans le voisinage de Carthage, avaient suivi son impulsion en se livrant à l'agriculture, ont dû pareillement obtenir des résultats qui justifiaient la dénomination selon que je viens de l'expliquer. A la vérité, le correspondant arabe du thème hébreu s'écrit وسع, c'est-à-dire avec un *ain* à la fin et non un *g'ain*, comme l'implique *zig'* dans *thamazig'th*; mais nous avons vu que c'est précisément le propre de la langue berbère, surtout chez les Touaregs, de substituer, en cas pareil, la seconde de ces articulations à la première.

Dans la distinction générale qui prévalut ensuite, savoir celle de *Numides* et de *Maures*, l'expression nouvelle *Maures* a été diversement interprétée. L'antiquité y attachait le sens de coloration noire, qu'elle prétendait tirer du grec :

Et Mauritania nomen
Oris habet, titulumque suo fert ipsa colore,

dit, entre autres, Manilius, L. IV, v. 720. De cette manière, on trouvait de nouveau à *Numide*, venant du grec *Nomade*, un corrélatif sous le rapport de l'identité de langue ; mais, en admettant qu'en effet *Mauros* ait eu primitivement en grec la signification *noir*, ce sens ne se trouvait plus en rapport d'opposition avec *Nomade* ou *Numide*, ainsi que la dichotomie le voulait et ainsi que cela avait lieu dans les termes d'Hérodote, *pasteurs* et *agriculteurs*. L'objection s'applique aux dérivations de langues étrangères au grec qui ont été proposées, soit à celle de Bochart, empruntée aux Phéniciens, soit à celle de Saint-Martin, tirée de l'arménien.

On trouve dans l'hébreu, et l'on peut, par conséquent, supposer que le phénicien fournissait une explication différente de celle de Bochart, qui lève cette première difficulté. Il faut pour cela se rappeler que le terme grec *nomade* ne signifiait pas exclusivement *pasteur*, mais qu'il recélait un autre sens, à la vérité connexe au précédent, qu'il importe cependant en ce moment de distinguer, savoir, *livré à une vie errante*; il devait donc avoir, par opposition, un corrélatif autre que celui d'*agriculteur*, un terme signifiant *vivant dans une habitation fixe*. Nous avons vu la double acception très-bien indiquée dans Hérodote. Or les Grecs appliquaient en effet à ces temps reculés et à ces peuplades d'une civilisation incomplète, une expression spéciale qui répondait à la dernière condition, c'était celle de *troglodyte* ou *habitant une caverne* ; on la voit souvent employée pour des peuplades d'Afrique par Hérodote et par d'autres auteurs: elle est opposée à *Nomade*, par exemple dans la traduction grecque du périple d'Hannon, à l'occasion des Lixites et des Éthiopiens voisins de ceux-ci, et à *Scénite* ou *habitant une tente*, dans Quinte-Curce, IV, 7. On obtient le correspondant exact en faisant venir *Maure* de מאורה ou de מערה, *caverne*. La vie sédentaire, citadine est encore un caractère distinctif de ce que l'on appelle aujourd'hui *les Maures*, par opposition aux *Bedouins* ou *nomades*. Mais une autre difficulté se présente alors, c'est que, pour ce cas comme pour celui de *Maxyes* dans le sens d'*agriculteurs*, l'expression est boiteuse ; nous manquons du terme inverse. Ce terme me paraît être *Mazig'* ou *Amazig'*, etc.

J'ai, d'une part, déjà signalé les variantes de ce nom dans le berber moderne ; elles n'étaient pas moins nombreuses dans l'antiquité, savoir, au pluriel : *Mazyes, Mazikes, Mazices, Masices, Mazaces, Mazicei, Maxitani* ; d'une autre part, j'ai fait remarquer la ressemblance de ce nom avec *Maxyes* donné par Hérodote comme l'appellation indigène des Libyens agriculteurs. Cette ressemblance est d'autant plus frappante que *Mazig'* ou *Amazig'* signifie en berber, suivant Léon l'Africain, *Noble* (1), selon Venture, *Libre*, et que le thème auquel j'ai précédemment rapporté *Maxyes* a précisément aussi cette double acception en hébreu comme en arabe, *liber, liberalis, nobilis fuit.*

Mais sous le dernier rapport, il est de toute improbabilité que la grande majorité des Libyens, qui était certainement nomade, et que, de nos jours encore, les Touaregs en particulier, qui ne sont point agriculteurs, aient reçu et retenu une dénomination si contraire à la réalité, celle de laboureurs; aussi *Mazig'*, nonobstant la similitude que je viens de rappeler, me paraît être, je le répète, l'équivalent du grec *nomade*, et cet équivalent appartenait à la langue phénicienne; il était, sous le rapport de l'origine comme sous celui du sens, le corrélatif de *Maure*, et ainsi la logique est pleinement satisfaite. Pour la tradition antique, nous lisons dans Étienne de Byzance, d'après Hécatée : Μάζυες, οἱ Λιβύης νομάδες, MAZYES, *les nomades de Libye.* Dans le berber moderne, chez les Touaregs, AMAZAG' signifie *campement, village composé de tentes*; TIMCHAG', *lieu d'ancien campement;* IMMEGGIDJI, et chez les Kabyles ITGADJDJI, *nomade.* Le rapport des deux premiers de ces mots avec l'ethnique *amazig'* et *macheg'* est manifeste. Le troisième y peut aussi être rattaché sans difficulté sérieuse, en considérant que *ch* permute souvent avec *g*, et que la lettre arabe qu'on rend ici par *dj*, sonne souvent *g*, qui a pu aussi permuter avec *g'*, en sorte que ce mot peut équivaloir à *immechigi* pour *immechig'i*. Dès lors l'explication du quatrième mot se présente d'elle-même; c'est d'abord le même thème, *gadj* pour *chag'*, puis, au lieu de la particule préfixe M, articulée *am* ou *im* et marquant l'état, la préformante des verbes ou des noms d'habitude *it* dont j'ai déjà parlé. Les modifications orthographiques des deux derniers mots, plus prononcées que les autres, ont probablement été adoptées pour distinguer nettement le terme commun de l'appellation ethnique. Quoi qu'il en soit, le sens de *nomade* ne reste pas moins essentiellement inhérent à cet ethnique, et, comme je l'ai dit, ce sens émane de la source phéni-

(1) Léon donne ce sens en parlant de la langue des Africains qu'il désigne ainsi : *Aguel* ou *aquel amazig*; il ajoute en effet : « C'est-à-dire *Langue noble.* » M. de Slane. *Ibn Khald.*, IV, p. 495, taxe cette traduction d'inexacte, surtout en ce qui concerne le premier mot; il croit que ce mot doit être *akal*, qui signifie, dit-il, *pays*, en sorte qu'on doit substituer : AKAL AMAZIG', *pays berbère.* Mais d'abord KEL, AKEL ou AKAL, propre aux Touaregs, ne veut pas dire *pays*; il est l'équivalent du kabyle *aït*, le correspondant pluriel du singulier AG, *fils, parent, camarade, associé, compagnon, compatriote.* Ce dernier mot vient probablement du phénicien אח, *aït* de את, impliquant *société, affinité, pacte, secours*; en copte, AUÊT, *cœtus hominum cohabitantium.* KEL, ou mieux K'EL, en le tirant avec vraisemblance de קהל, a exactement la même signification, *Turba, cœtus, congregatio.* Quant à AGUEL ou AQUEL, dans le sens *langue, idiome*, il vient de קול ou קאל, *parole, discours*, et il a pour correspondant, en kabyle, AOUEL, par suite de la mutation si connue de G ou K' en OU. La traduction de Léon est donc exacte.

cienne où l'expression a été puisée. En effet, en hébreu, et probablement, par conséquent, en phénicien, מסג, MASSAG', MASAG', signifiait *castrorum motio, profectio*, proprie de *agmine nomadum*. Le mot dérive du verbe נסג, NASAG', *loco se movit, castra movit, profectus est, decessit, migravit*, sæpe de *nomadibus*; on y doit rattacher נסג, נשג, NASAG, סוג, שוג, SOG, SOUG, *discessit, recessit*, en sorte que l'on trouve ici aussi, au lieu de l'*aïn* ou du *gaïn* final, le *ghimel* ou *G*, dont le *dj* ou *g* arabe est l'équivalent dans *immeggidji, itgadjdji*. Il me paraît probable qu'à la même souche se lie זוג, ZOUG'A, *movit se*, bien que dans la généralité des cas le sens s'écarte de cette signification primitive. La vie pastorale ou nomade est tellement caractéristique pour la plus grande partie des peuples de l'Afrique, qu'aujourd'hui encore c'est par une appellation qui s'y rapporte que, dans la langue arabe, ainsi que l'a démontré Et. Quatremère (1), sont désignées les tribus indigènes qui habitent le nord de cette contrée, savoir : شاوية, CHAOUI, de شاة, pl. 8 اشاوة, CHA, ACHAOU, *brebis*, en hébreu, שיה, שה, *troupeau de brebis ou de chèvres;* et l'opposition de la vie agricole ou sédentaire est tellement naturelle que, dans un passage d'Ibn-Khaldoun reproduit par le savant académicien que je viens de citer, on lit : « Des individus d'entre eux sont dispersés dans l'Egypte et les bourgs du Saïd, où ils sont CHAOUIS (*pasteurs*) et FELLAH (*laboureurs*). »

Ainsi, si je ne me suis trompé, l'influence de la langue phénicienne s'est manifestée, dès une haute antiquité, par un fait capital, l'introduction d'une appellation ethnique, son adoption par la majeure partie des indigènes auxquels elle s'appliquait, sa prompte extension, et sa conservation parmi eux jusqu'à nos jours. Ce grand résultat n'autorise-t-il pas à en conjecturer d'autres analogues?

Mais la question ne s'arrête pas là. On rencontre assez fréquemment dans les auteurs anciens la racine *zyg*, sans augment initial, appliquée à des noms de peuplades et de localités. Ainsi Ptolémée cite dans le nome libyque les *zygues*, de qui tirait son nom la ville de *Zygantis*. Plus à l'ouest, dans la Marmaride, les *Zygrites*, d'où un bourg nommé *Zygris*. Le *r* qu'on trouve dans ces variantes tient à cette nuance de prononciation du *g'aïn* ou *g'*, qui recevait dans plusieurs tribus le concours d'un *r* grasseyé, ainsi que cela a particulièrement lieu aujourd'hui en Algérie, au point que l'articulation se transforme souvent en un *r* grasseyé pur, exemple : *G'azzia, g'r'azzia, r'azzia;* de là vient que *Mazig'* ou *Amazig'* aussi sont quelquefois prononcés *Mazirg', Amazirg'*. Plus à l'ouest encore, on mentionne les *Zauèkes*, les *Zygantes* et la *Zeugis* ou région *zeugitane*, le territoire propre de Carthage, qui comprenait le mont *Ziquensis*, en berber moderne *Zag'ouan*.

Ces *Zauèkes* et ces *Zygantes* sont placés par Hérodote à côté de *Maxyes* que nous avons vus désignés comme des *Libyens agriculteurs*, opposés aux

(1) *Journ. des sav.*, juillet 1838, p. 398 et 399.

Nomades. On pourrait donc croire qu'ici la racine est celle par laquelle j'ai expliqué *Maxyes.* Mais il n'en saurait certainement être ainsi des cas relatifs à la Marmaride. D'un autre côté, ces noms, comparativement à ceux qui se rattachent à *Mazig'*, aussi bien qu'à *Maxyes*, offrent une particularité qui leur est propre, c'est que souvent ils sont renversés. Ainsi, pour *Zygris*=*Zyg'is*, on trouve *Gyzis;* pour *Zygantes*, *Gyzantes* et *Byzantes.* Dans le dernier cas, le B a remplacé postérieurement le G par suite d'une affinité qui est surtout prononcée en Afrique; c'est pour l'avoir ignorée que Suidas a reproché à tort à Hérodote l'orthographe *Gyzantes* au lieu de *Byzantes.* La double circonstance de l'emploi de la racine sans augment initial et de son anastrophe, me portent à assigner à ces dénominations une époque différente de celle à laquelle correspond *Mazig'*, et, comme cette racine, dans les conditions énoncées, devait s'appliquer à des nomades dans la Byzacène comme dans la Marmaride, l'époque me paraît devoir être antérieure à l'introduction de l'agriculture, c'est-à-dire à l'installation des Carthaginois; plus tard seulement elle a dépouillé sa signification propre en perdant son application générale : les nuances de prononciation dans les diverses localités ont été prises par les arrivants pour autant de dénominations isolées, comme nous distinguons les Basques des Gascons, et la signification commune a été perdue de vue.

Si les formes *Zyg* ou *Gyz*, *Byz*, par l'absence du M préfixe, paraissent étrangères à la langue phénicienne, elles sont cependant sémitiques, puisqu'elles dérivent aussi de la racine précédemment indiquée pour *Mazig'*. Or le caractère du renversement donne une grande vraisemblance à une origine éthiopienne ou himyarique. En effet, en éthiopien, ገዐዘ, *Gyyz*, signifie *changer de lieu, de campement*, et en même temps, ce qui établit un nouveau rapport avec MAZIG', *devenir libre, être libre;* AGYIZ est un ethnique synonyme d'éthiopien; d'un autre côté, la langue éthiopienne écrit souvent en sens inverse les thèmes qu'elle a en commun avec d'autres langues sémitiques, par exemple, SLK' (*salak'a*), pour l'hébreu K'LS (k'alas), *irrisit*, MKhR (makhara), *misertus fuit*, pour RKhM (rakham), etc., etc. (1). Cela tient à une confusion qui est résultée de ce que la langue éthiopienne, contrairement aux autres langues sémitiques, s'écrit de gauche à droite, et, selon toute vraisemblance, s'écrivait primitivement de droite à gauche et de gauche à droite, comme l'himyarique.

Ainsi la désignation ethnique se trouverait singulièrement d'accord avec le nom et l'origine de l'alphabet, tels que nous croyons les avoir déterminés dans le paragraphe précédent.

Cependant je ne dois pas dissimuler qu'il a été présenté, pour GYYZ, une autre étymologie, savoir, l'ancien égyptien KS ou G'S, en copte Eϭ'ooϣ, Eϭωϣ,

(1) « Transpositio litterarum in ling. æthiop. in sola radicum formatione occurrit, ubi vero inter linguam æthiop. et linguas cognatas est et frequentissima et gravissima. » Schrader, *De ling. æth. cum cogn. ling. comparatæ indole universa*, p. 25.

en hébreu KOUCH, *Ethiopie*, terme auquel, dans la légende arabe rapportée à la fin du paragraphe précédent, correspond *kais*, synonyme du grec *Aithiops*, *Ethiops*. Mais le double rapport si remarquable de *libre*, *noble* et de *nomade*, dans le terme éthiopien et dans le terme berber, me paraît plaider pour la préférence à donner à mon explication. Dans ce cas la ressemblance de KS, etc., serait fortuite ou plutôt le résultat, non d'une forme originale d'où serait sorti le thème éthiopien, et dont on ignorerait le sens radical, mais d'une forme dérivée au contraire, dès une très-haute antiquité, de ce thème éthiopien avec la signification qu'il conserve. Je livre encore la solution de la question au jugement des lecteurs.

III. — NOMS DE NOMBRE.

Les pronoms personnels et les noms de nombre tiennent dans tout vocabulaire, au point de vue ethnologique, une place dont l'importance n'a pas besoin d'être signalée. Aussi s'attache-t-on particulièrement à les recueillir dans les recherches sur des idiomes ignorés ou peu connus. Ceux de la langue berbère, comme on devait s'y attendre, ont eu ce privilége. Je m'en suis, après d'autres, occupé déjà dans mon mémoire précité de la *Revue de l'Orient et de l'Algérie*. Depuis cette époque, rien, que je sache, n'a été publié sur les pronoms qui puisse me déterminer à y revenir. Mais au sujet des noms de nombre, il a paru d'abord dans la *Revue orientale et américaine*, cahier de juillet 1861, page 239, un tableau des noms de nombre recueillis par M. Letourneux dans les oasis du Souf, le pays des Chamba et l'Oued Ghyr; puis, dans le *Journal asiatique*, cahier d'août-septembre, même année, pages 107-114, un article de M. le professeur Reinaud sur les conséquences à tirer de ce document nouveau concernant le système primitif de la numération chez la race berbère, système que l'éminent académicien considère comme quinaire. M. Hanoteau, dans le même cahier, a confirmé la découverte de M. Letourneux, mais il rejette la conclusion que M. Reinaud en tire relativement au système de numération. Les deux savants linguistes ont, à cette occasion, touché à quelques points de l'origine étymologique des noms de nombre berbers; mais, qu'ils me permettent de le dire avec tous les égards que je leur dois, la question ne m'y paraît qu'effleurée, ce qui tient probablement à ce qu'elle n'entrait pas, telle que je la comprends, dans leurs vues. Quoi qu'il en soit, c'est à mes yeux l'un des éléments essentiels du problème dont j'entreprends l'élucidation. Je n'hésite donc pas à profiter des dernières communications pour ressaisir avec plus de détails l'examen de cette question, sans espérer néanmoins la résoudre moi-même d'une manière absolue.

J'ai déjà donné à entendre, et depuis assez longtemps d'ailleurs on l'a parfaitement reconnu, que la langue berbère contient divers dialectes, fait facile à comprendre chez une population parsemée, en groupes plus ou moins isolés, sur un si vaste espace. Les variantes linguistiques qui en résultent ne sont nulle part, je crois, aussi multipliées que dans les noms de nombre. Mon examen portera sur toutes ces variantes; mais je m'abstiendrai, en général, d'indiquer les origines dialectiques, parce que la fréquente répétition d'énonciations ethniques entraînerait une complication inutilement fastidieuse. Les lecteurs qui désireront s'éclairer en détail à ce sujet trouveront la plupart des renseignements nécessaires dans les deux grammaires de M. Hanoteau et particulièrement, pour les noms de nombre, à la fin du quatrième volume de la traduction d'Ibn Khaldoun par M. de Slane.

Jusqu'à la révélation de M. Letourneux, la nomenclature numérale des Berbers se composait des éléments suivants :

1. — Oua; —ouan. ouen. ben, ven, gen; — ian, iien, iioun, iiouen, iggen, iggem, idjem; — iedj.
2. — Sin. sen. chin. essin.
3. — Charet. chared, krad, karad, keradh; — amiat; — thletha.
4. — Koz, okkoz. oggoz, okkas, akod, akot; — arbâa.
5. — Semmes, semmous, summous, summos; — khamsa.
6. — Sez, soz, set, settsa, sezza, sedis, sidis; — ségnès.
7. — Sa, saa, ossa. essaa, sat, sebda.
8. — Tam, tham, ettam, themania.
9. — Tza, tezzaa, tès, tsâa, tesou, alda.
10. — Meraou, merao, marao; — âchera.
11. — Meraou d iien, meraou d iggen, jan damrao; — ah'adach.
20. — Senet temerouin, senatet temerouin, sin tamraouin, sen temraouin, chin et temraouin; — âcherin.
100. — Merou meron; — touinest; — timidhi, temad; — mia.
200. — Senet touinas, senatet touines, sin touinisan; — senatet temadh; miithaïn.
1000. — Meraou temad; — touinest tamek'k'erant; — agim; — elef.
2000. — Senet touinas timek'k'aranin; — sin igéman; — elfaïn, sin ouelfen.
100,000. — Efed, efedh.

On reconnaît immédiatement des noms arabes dans *thletha*, 3; *set* (d'où *sez, soz, settsa*), *sedis, sidis*, 6; *sebda*, 7; *themania*, 8; *tes, tsâa* (d'où *tza, tezzaa, tesou, al-da*), 9; *âchera*, 10; *ah'adach*, 11; *âcherin*, 20; *mia*, 100; *miithaïn*, 200; *elfaïn*, 2000. Il est facile aussi de s'apercevoir que les variantes *tam, tham, ettam*, pour 8, sont des abréviations de *temania, themania*.

Arbâa, 4, *khamsa*, 5, *elef*, 1000, peuvent être phéniciens aussi bien qu'arabes; cependant, pour le dernier de ces noms du moins, le duel *elfaïn*, 2000, indique de préférence la source arabe. *Ouelfen*, dans *sin ouelfen*, est un pluriel berbérisé d'*elef*.

M. Reinaud, à la fin de l'article précité, demande si *semmous*, le plus souvent employé pour exprimer le nombre *cinq*, ne serait pas une altération de l'arabe *khams?* Que *semmès*, *semmous*, etc., viennent de *khams*, cela me paraît de toute vraisemblance : mais l'emprunt est, à mon avis, antérieur à l'influence arabe ; je le crois fait à la langue carthaginoise, c'est-à-dire datant de l'époque où, comme le pense M. Hanoteau, le *kh* ou *khr* n'existait pas encore dans l'alphabet libyque ou berber, ce qui se rattache à un temps plus ancien où les alphabets des langues sémitiques manquaient eux-mêmes de cette aspirée, entre autres l'alphabet himyarique, ainsi que je l'ai exposé à la page 23. Les inscriptions numidico-puniques montrent en effet assez souvent, soit l'aphérèse du *khet*, soit sa permutation avec une aspirée plus douce : cela a particulièrement lieu sur les monuments de l'ancienne Calama de Numidie (Ghelma), ville sur le territoire ou dans les environs de laquelle se trouvent des traces du séjour prolongé de la race libyenne. Enfin dans l'écriture numidico-punique, ou néo-punique selon les Allemands, le *khet*, dans sa forme la plus ordinaire, est, comme dans les alphabets sémitiques, une modification du *hé*; cette modification consiste en une marque diacritique produite par la simple apposition d'une barre verticale à gauche de la figure du *hé*. Cette commune absence du *khet* de l'alphabet primitif des dialectes sémitiques, si elle a été aussi réelle qu'il me le paraît, est un fait digne d'une grande attention, car il révèle divers degrés dans la formation de cet alphabet et l'action puissante d'une race étrangère. Divers indices me portent à penser que cette action est partie de l'Égypte; mais il serait trop long de développer ici cette thèse.

Les autres noms de nombre des Berbers, sauf un doute exprimé pour le nombre *deux* par M. Reinaud, sont considérés comme indigènes. Or il faut se rappeler que, par *indigènes*, on entend, selon les termes de M. Reinaud : « des mots qui s'éloignent des langues sémitiques autant que de toute autre langue connue (Notice citée, p. 108), » mots appartenant, dans le nord de l'Afrique, à « un langage propre, antérieur à toute influence, plus ou moins imparfait, mais qui se suffisait à lui-même. » (*Ibid.*, p. 113.) Nous touchons donc ici au nœud de la question qui fait l'objet essentiel de ce travail. Examinons.

D'abord rien de plus frappant que le rapport du targui *chin*, 2, avec l'hébreu *chené* et partant, sans doute, avec le nom phénicien correspondant. Les variantes *sin*, *sen*, s'y rattachent sans difficulté, de même que le copte *snau*.

Pour le nombre 100, nous trouvons d'abord *touinest*, pluriel *touinas*, *touines*. En dégageant ce mot des préfixes *t-oui*..., et de l'affixe ...*t*, nous obtenons pour racine *nes*, *nas*, qui rappellent immédiatement l'hébreu NASA, *élever*; de même, le synonyme *temad*, *timidhi*, débarrasssé du préfixe *ti*, *te*..., conduit à l'hébreux MIDA, *extension*, *longueur*, *amplification*, *grandeur*.

Dans *touinest tamek'k'erant*, c'est-à-dire *la grande élévation*, pour 1000, l'adjectif féminin singulier *Ta-me k'k'eran t* a pour racine *keran*, semblable à l'hébreu *k'eren* qui signifie *corne*, et, par extension, *force*, *puissance*, *élévation*, *grandeur*. L'équivalent *agim* porte la pensée sur l'hébreu GAM, *augmentation*, *accumulation*, *comble*.

Enfin *éfedh*, 100,000, réveille le souvenir de l'hébreu *foutz*, *foudh*, פוץ, *déborder*, *abonder*, *être redondant*.

Les cinq dernières de ces racines existent aussi, avec des significations identiques ou analogues, en arabe; il est donc difficile de décider si les applications numérales qui en ont été faites par les Berbers remontent à l'époque des Phéniciens ou si elles ont été suggérées par l'emploi de la langue arabe. Cependant l'usage aujourd'hui concurrent des noms de nombre spéciaux des Arabes semble exclure la dernière hypothèse, qui impliquerait un double emprunt. Quoi qu'il en soit, en tout état de cause, l'extraction est, à mon avis, incontestablement sémitique : autant de mots donc qui ne doivent plus compter comme indigènes dans le sens indiqué ci-dessus.

CHARET, 3, malgré la différence apparente au premier abord, me paraît se rattacher certainement à שלש. En effet, en premier lieu, la mutation du *chin* en *tau*, dans les divers dialectes sémitiques, est trop connue pour que je m'y arrête : c'est en vertu de cet échange qu'on a, en arabe et en araméen, *tlat* et *tlata*. En second lieu, la permutation de L et de R, dans presque toutes les langues, n'est pas moins constante. Gesenius, au mot שלש de son lexique, après avoir cité les équivalents arabes et araméens, dit : « In linguis indogerm. primariam formam servasse videtur zendicum *teschro*, unde litteris transpositis et aram. *telát* et gr. lat. τρεῖς, *tres*. Lingua sanscr. habet decurtatum *tri*. » Ainsi, dans le zend, nous trouvons les radicales T, SCH ou CH, R, qui sont aussi les élément de CHARET, mais avec transposition du T, *litteris transpositis*, comme dit Gesenius. Inutile, je crois, d'insister pour faire reconnaître que *chared*, *krad*, *karad*, *kerahd*, ne sont que des modifications de *charet*.

J'avais d'abord pensé que MERAO, MERAOU, MARAO, 10, impliquait aussi une mutation de L en R, c'est-à-dire qu'il dérivait du sémitique MELO, *plénitude*. Mais aujourd'hui, après de nouvelles réflexions, je suis plus porté à le tirer directement de la racine qui a donné à l'hébreu AMIR, *tête*, *sommité*, *cime;* à l'arabe AMARA, conj. I. IV, *multum facit*, AMIRA, *multus fuit*, *perfectus fuit*. J'y reviendrai un peu plus loin. En ce moment, je me borne à faire observer que le mot berber peut venir de l'arabe comme du phénicien; cependant ici encore il y a à considérer que l'on fait aussi usage d'*áchera*, véritable nom du nombre *dix* en arabe, et que, par conséquent, un double emprunt est peu probable. Quoi qu'il en soit, d'une façon ou d'une autre, l'extraction sémitique me paraît vraisemblable.

Au nombre 6, SÉGUÈS fait évidemment disparate à côté des autres variantes, puisées, comme je l'ai dit, dans la langue arabe. Il est, si je ne m'abuse, impossible de ne point voir dans SÉGUÈS le maintien du latin SEX.

Il me reste à m'expliquer sur les variantes du nombre *un* et sur celle du nombre *trois*, AMIAR, ainsi que sur celles du nombre *quatre*, excepté *arbaa* dont il a été déjà parlé. Ces variantes n'ont manifestement aucune origine sémitique.

Dans l'ensemble des variantes du nombre *un*, BEN (1), VEN, GEN sont des modifications de prononciation et, par suite, d'orthographe de OUEN, de même que IGGEN est une modification de IOUEN : ces transformations sont trop bien avérées pour que je m'y arrête. La légère différence entre IGGEN et IGGEM tient à la permutabilité entre N et M et réciproquement. M. Hanoteau a signalé le premier cas dans sa Grammaire de la langue tamachek'; j'ai cité un remarquable exemple du second cas, par le changement du phénicien שמש en שנש, dans un mémoire sur dix-neuf inscriptions numidico-puniques trouvées à Constantine. IEDJ, à son tour, est une abréviation de IDJEM telle qu'il s'en produit souvent dans les noms de nombre en particulier, qui sont d'un si fréquent usage. Il n'y a donc réellement à s'occuper, en définitive, que de OUA et de OUAN, OUEN. Et encore, à ce sujet même, il est à observer que le *n* final des deux dernières variantes n'est pas radical; c'est un affixe qui ajoute un sens pronominal ou accidentel. La racine unique est OUA. Or ce mot est égyptien et, pour compléter la similitude, on a aussi en égyptien le dérivé OUON, OUAN, *un*, *un certain*.

AMIAT, 3, ne se trouve que parmi les débris de la langue guanche; mais je crois assez solidement établis les rapports entre cette langue presque morte et le berber (2) pour admettre cette forme et m'en occuper ici. Je l'ai déjà, dans mon mémoire précité de la *Revue de l'Orient*, etc., assimilée à l'égyptien *schomnt*, *schoment*, *schament*, *schomt*, par la suppression du *schei* initial, dont la prononciation était trop difficile, soit (sch)*ament*, (sch)*omt*,

(1) Variante guanche, que l'on trouve aussi en ouolof.

(2) En cherchant, après d'autres, à démontrer ces rapports dans mon Mémoire précédent de la *Revue de l'Orient*, etc., oct. 1857, p. 227, j'ai exprimé mon embarras au sujet du *t* final dans le verbe *itgent*, pour *idtgent*, de cette proposition : *Our itgent ara* que l'on traduit par : *Il ne tombera pas*, et j'ai rapproché de cet exemple les phrases du chouïa rapportées par Shaw : *Ergez ouffuli our itugadt ikra*, — *Ergez defoual tagadt*, que le célèbre voyageur rend ainsi : « L'homme de bien ne craint rien, — L'homme méchant craint. » Depuis cette époque, M. Hanoteau, dans son *Essai de grammaire kabyle*, a, je crois, donné la solution de la difficulté dans cette remarque : « J'ai de plus constaté dans le dialecte des Touaregs une forme qui ne paraît plus exister en kabyle ; elle a pour signe un T affixe et indique l'idée de Devenir, par exemple : ERZEG', *être riche*, ERZEG'AT, *devenir riche*. » Ainsi la phrase guanche signifie à la lettre : « Il ne deviendra pas couché, » et les proverbes mentionnés par le chapelain anglais : « L'homme de bien ne devient craintif de rien, — L'homme méchant devient craintif. » Ce curieux rapprochement apporte donc une nouvelle preuve de la similitude du guanche et du berber. J'ajouterai ici une autre observation : M. Berthelot, dans son Mémoire sur les Guanches, présente *vacaguare* comme signifiant : « Je veux mourir ; » en réalité, cela veut dire : « Je ne demande rien, je ne désire rien, » de *vacag' ouar*, ou mieux sans doute *our vag'ag*, *ara*, ce qui est encore du berbère par et où le verbe *vac*, *vag'* répond au berber *bag'*, *bg'ou*, provenant lui-même du sémitique *bag'a* : On trouve en ouolof *Beug'*, avec le même sens.

de même que, dans les inscriptions numidico-puniques, on trouve assez souvent, ainsi que je l'ai déjà dit, l'apocope du *khet* au commencement de *khammon*, épithète de Baal. Cette suppression ne paraîtra certainement pas extraordinaire si l'on se rappelle, par exemple, que, du grec *kolaphos*, tiré lui même du sémitique *kalapha*, et dont nous avons fait *giffle*, *soufflet*, *coup* (en italien *colpo*), les Latins avaient formé *alapa*.

Les Guanches me paraissent avoir aussi conservé la forme primitive du nombre *quatre*, AKOT, qui a dû s'écrire KOT, comme on trouve les variantes KOUZ, KOZET, KOS. Ce mot se rattache évidemment, selon moi, à la racine arienne *çat-ur*, qui a donné au grec, dans le dialecte dorien, *ket-ora*, et au latin *quat-uor*. Le *r* final est tombé, de même que dans l'égyptien *ftoou*, *fto*, qui correspond à une autre forme dialectique du grec *pet-ora*, *phet-ora*. Dans le grec même, le *r* est absent de *oktô*, formé de *okt*, équivalent au guanche *akot*, et d'un oméga affixe qui marque le duel, savoir donc : *Deux fois kot* ou *deux fois quatre*, ainsi que dans *ogd-o-os*, c'est-à-dire *deux fois quatrième* ou *huitième*, etc. Il est en outre à observer que, dans *ogd-o-os*, la première syllabe se rapproche de la variante berbère *akod*. A laquelle de ces sources faut-il faire particulièrement, directement remonter le nom de nombre berber? Il me semble que, de même que pour SÉGUÈS, *six*, c'est au latin *quat-uor*.

Ainsi, avant la découverte de M. Letourneux, la nomenclature des nombres en berber était comme un mélange alluvial laissé dans la langue par les idiomes des peuples avec lesquels les Libyens se sont successivement trouvés en relation depuis l'antiquité jusqu'à notre arrivée en Algérie; on y reconnaît les dépôts suivants :

Égyptien, *oua*, *ouan*, 1 ; — *amiat*, 3.

Égyptien ou phénicien, *sen*, 2.

Phénicien, *semmès*, 5.

Phénicien ou arabe, mais plutôt phénicien, *merao*, 10 ; — *touinest*, 100 ; — *temad*, 100 ; — *agim*, 1000 ; — *efedh*, 100,000.

Phénicien modifié? *charet*, 3.

Latin, *kos*, 4 ; — *ségués*, 6.

Arabe, *arbâa*, 4 ; — *khamsa*, 5 : — *sez*, *sedis*, 6 ; — *sa*, *sebda*, 7 ; — *tham*, *themania*, 8 ; — *tsâa*, *alda*, 9 ; — *dehera*, 10 ; — *mia*, 100 ; *elef*, 1000.

Recherchons comment la découverte de M. Letourneux s'adapte à cet ensemble hétérogène. Voici la nouvelle nomenclature qui en résulte :

Igem	un.
Tzem	deux.
Charet	trois.
Okkos	quatre.
Fous	cinq.
Fous igem	cinq-un (six), etc.
Meraoun	dix.

Meraoun igem..............	dix un (onze), etc.
Meraoun fous...............	dix-cinq (quinze).
Meraoun fous igem..........	dix-cinq-un (seize), etc.
Tzem meraoun...............	deux-dix (vingt).
Tzem meraoun igem.........	deux-dix-un (vingt un), etc.

Pas de modification essentielle pour les quatre premiers nombres. M. Hanoteau donne pour les deux premiers *igguen* et *sen*, et il déclare que, jusqu'à plus ample informé, il pensera que M. Letourneux a confondu les sons du *m* et du *n*. Mais le sagace investigateur me semble avoir alors perdu de vue ce qu'il a dit plusieurs fois dans sa grammaire tamachek' au sujet de la permutation de ces deux consonnes. *Iggem* avait été donné déjà pour les Mozabites par Bacri. *Tzem* ici est tiré de l'arabe et, à cette occasion, il est à remarquer que l'adoption des noms arabes a été d'autant plus facile qu'on y était préparé par l'usage antérieur des noms phéniciens. Quoi qu'il en soit, la différence radicale se manifeste au cinquième nombre, *fous*, et dans la combinaison de ce nom avec les quatre précédents pour désigner les quatre nombres suivants, *six, sept, huit, neuf.* De cette dernière particularité, M. Reinaud conclut que le système primitif des indigènes était quinaire. Il cite en exemple la numération des Ghiolofs, qui disent aussi en effet *cinq-un, cinq-deux..., cinq-quatre.* Mais, depuis 1829, le baron Roger, dans ses *Recherches philosophiques sur la langue ouolofe*, a, pour ceux-ci, réfuté cette opinion par des arguments semblables à ceux que M. Hanoteau a récemment opposés à la conclusion du savant académicien. M. Hanoteau a fait, avec raison, observer que *fous*, au propre, signifie *main* : or M. Lepsius, dans son remarquable mémoire intitulé : « *Uber den Ursprung und die Verwandtschaft der Zahlwoerter in der indog. semit. und der Kopt. Sprache*, » a fait ressortir le rôle de la main dans la numération antique, et celui des noms de cet organe dans la nomenclature numérale; il fait remarquer que l'emploi d'une main d'abord pour représenter le nombre *cinq* avait tant d'importance, que les Grecs avaient tiré du nom de ce nombre un verbe qui signifiait expressément *compter, calculer*, PEMPAZEIN. Cependant le système décimal n'en était pas moins la base de la numération. Chez les Phéniciens, indépendamment de l'étymologie, un indice du rôle numéral que la main remplissait se manifeste dans la figure des lettres qui occupent le cinquième et le dixième rang dans l'alphabet. Ces deux lettres ont en effet une grande ressemblance l'une avec l'autre, et cette ressemblance résulte de la commune similitude avec la figure d'une main, dont la dernière porte le nom. C'est sans doute, à mon avis, cette similitude qui, dans la distribution alphabétique, leur a fait assigner, à l'une, probablement comparée à la main gauche, le n° 5, à l'autre, probablement comparée à la main droite (1), le n° 10, et c'est sans doute aussi parce que la main droite était d'un favorable augure,

(1) Dans l'alphabet éthiopien, la lettre qui y correspond phonétiquement, quoique réduite à l'image d'un doigt, a en effet pour nom YAMAN, *la main droite.*

que le n° 10 était considéré comme heureux, que le nom ESER, *dix*, était uni par affinité à ACHAR, *beatus fuit*. Ici cependant encore il est constant que la numération était assise sur le système décimal. Les mêmes remarques peuvent s'appliquer au procédé de numération des Latins comparé aux signes. Ces signes, on le sait, sont :

I. II. III. IIII. V.

VI. VII. VIII. VIIII. X.

Il est évident, selon moi, que les quatre premiers nombres ont paru marquer les images d'un, de deux, de trois, de quatre doigts levés, et que le chiffre 5 représente une main ouverte, en berber *fous*; les quatre nombres suivants sont représentés par des signes exactement équivalents aux dénominations mozabites, VI, une main et un, *fous iggen*, etc.; le chiffre 10 est formé par la réunion des deux mains ouvertes. Cette idée n'est point exprimée dans le berber, mais, si j'ai bien interprété *Merao*, ce nom, dans la signification *Perfectus fuit*, énoncerait d'une manière expresse le rôle prédominant, le rôle cyclique du nombre 10.

Le spécimen de notation des Imazig'en de G'édamès transmis par M. Hanoteau, loin d'être grossier, me paraît judicieusement calqué sur le système de numération. Il est possible que les chiffres des neuf premiers nombres soient un héritage des Latins; mais ils peuvent aussi être spontanés, puisqu'ils représentent exactement l'idée comprise dans la nomenclature. Le signe < ou >, de même que l'équivalent samnite Λ et le latin V, remplace la forme demi-circulaire C ou Ɔ, qui, dans l'alphabet chaldaïque, se nomme *caf*, c'est-à-dire *paume de la main, main*. Le cercle valant 10 pourrait donc être considéré comme une réunion, une soudure des deux c (C Ɔ, O), ou des deux mains, comme le x latin, mais dans un sens inverse. Le nom indiqué, si on l'attribuait à l'arabe, ne répugnerait point à cette supposition, puisqu'il n'a trait qu'à la figure et signifie *anneau*; mais je pense que le point qui, dans la notation arabe, remplace ce cercle est une simplification de la même figure, que les Arabes avaient primitivement aussi le cercle, qu'ils emploient en effet encore, et que c'est de lui que, dans leur langue, חלקה a pris l'acception *anneau, cercle*, etc., *signe circulaire* imprimé par l'ustion sur les chameaux. Cette acception n'est que secondaire. Le sens véritable se trouve dans le chaldéen et dans l'éthiopien. Au propre, en hébreu, חלק veut dire *pierre usée, polie par le frottement, caillou*; en chaldéen, il signifie particulièrement *lapillus computatorius*; en éthiopien, HUALEK'UA ou KUALEK'UA s'emploie pour *numeravit*, HUELK'U ou KUELK'U, *numerus*, HUELAK'A ou KUELAK'A, *numeratio*. C'est de là, par l'intermédiaire du latin CALC-ULUS, *petite pierre*, que sont venus nos mots *calcul* et *calculer*. C'est très-probablement ce petit caillou roulé que représente la figure ronde du chiffre (1). Il y aurait à dire beaucoup de choses sur l'office et le

(1) Ce qui me paraît tendre à confirmer cette opinion, c'est qu'en arabe, où le

mode d'emploi de ce type du jeton de compte ; mais ce ne serait point ici la place. Je me bornerai à faire observer que la distinction accordée au nombre *dix* prouve que ce nombre est le pivot de la numération chez les Berbers et que leur système, par conséquent, est décimal. C'est parce que, dans une supputation un peu longue, les dizaines étaient les points de repère, que le caillou a été primitivement nécessaire pour les marquer, pour en conserver le souvenir. D'un autre côté, le sens du nom communiqué par le G'édamien qui s'est trouvé en rapport avec M. Hanoteau donne à penser que le terme a été tiré, non de l'arabe, mais de l'éthiopien ou du phénicien.

De même, on ne peut attribuer qu'au phénicien le vocable *fous* sur lequel, en grande partie, a roulé ce paragraphe ; il se rattache aux verbes hébreux PASAS (FASAS) et AFAS, *cesser*, *finir*, d'où PAS (FAS), EFES, *extrémité*, souvent employés pour l'extrémité du bras, ou la *main*, et pour l'extrémité de la jambe, ou le *pied*. L'éthiopien n'a conservé de la même racine qu'un dérivé, TESS, *tafasas*, mais il est caractéristique à notre point de vue, car il désigne un jeu semblable à la *morre* des Italiens, c'est-à-dire qu'il consiste dans l'extension d'un certain nombre de doigts, comme dans un compte ; cette extension se fait en secret et l'adversaire doit deviner le nombre.

En résumé, donc, de tout ce qui précède, je me crois autorisé à conclure que les données formées par les termes qui, dans la langue berbère, concernent la numération, les noms de nombre en particulier, concourent à prouver que cette langue, même dans une partie si essentielle, ne peut pas être considérée comme *sui generis*, comme étrangère à tout autre idiome, mais, au contraire, qu'elle a puisé les expressions relatives à ces idées dans les vocabulaires des différentes nations avec lesquelles la race qui la parle s'est successivement trouvée en rapport. Nous allons poursuivre la même constatation dans un autre ordre de mots.

IV. — DE QUELQUES MOTS RELATIFS A LA GÉOGRAPHIE, A L'HISTOIRE NATURELLE ET A LA MYTHOLOGIE.

Ce n'est guère qu'en Afrique que nous pouvons en ce moment étudier avec fruit les noms de la géographie ancienne que serait en droit de réclamer la langue berbère. Mais, là même, la difficulté est grande ; d'abord

chiffre 10 est ordinairement un point, on se sert quelquefois aussi du petit cercle, bien que le chiffre 5 n'ait la forme ni du demi-cercle, ni du chevron, et ce petit cercle porte un nom, *cifra*, qui est en tout équivalent à celui indiqué par le G'édamite, et qui a été l'objet d'une méprise analogue. En hébreu, *saphar* (ספר) et *chafar* (שפר) signifient *être poli*, *uni*, puis SAPHAR, *compter*, d'où SEPHAR, *compte*, *numération*, SEPHORA, *nombre*, et notre mot *chiffre*. La dérivation, j'en suis convaincu, est semblable à celle de *calcul*, c'est-à-dire qu'il s'agissait primitivement d'une petite pierre polie servant à marquer les dizaines comme gonds, points de repère de la parce que beaucoup de ces noms ne nous sont parvenus que profondément défigurés; ensuite et surtout parce que la plupart ont été sans doute imposés par les Phéniciens, et que nous avons peu de moyens de savoir s'ils ont été admis par les indigènes. Cependant il y a une classe assez nombreuse qui porte un cachet évident de formation ou d'appropriation libyenne ou berbère, c'est celle qui contient les noms commençant par *ta*, *tha*, *te*, *the*, etc. Hamaker, dans ses *Miscellanea*, page 284, a fort bien reconnu que cette syllabe initiale est presque toujours accessoire, puisqu'elle est quelquefois éliminée, ainsi qu'on le voit dans ces exemples : Tacape, Cape; Tasimyra. Simyra; Thicath, Oecath, auxquels Gesenius ajoute : Tamazaca, Mazaca; Tuzummensis, Zummensis. Les deux auteurs que je viens de citer en ont demandé l'explication aux langues sémitiques; le second, notamment, ne considérant que le T ou TH, y voyait un reste du mot BET, *maison*. Mais c'est certainement un préfixe berber; c'est l'article féminin, qui souvent sert aussi à former les diminutifs. Le T était pareillement la marque

numération jusqu'à cent. Cette pierre ronde ayant été représentée dans la notation écrite par un cercle, *çaphar* (צפר), autre variante orthographique, en a pris, comme *halak'a*, en arabe, le sens *Décrire un cercle, voler en décrivant un cercle*, d'où ÇEPHIRA, *cercle*, *rond*, *couronne*. En arabe, cette acception n'a pas été reçue, mais on y a substitué celle de *vacuité*, parce qu'au lieu d'avoir égard à la circonférence, on a pris en considération l'intérieur, qui est en effet vide, et il est à remarquer que *halk'aoun* aussi signifie *objet vide*, *vase vide*. Aujourd'hui qu'ils ont perdu de vue le commun point de départ de ces diverses expressions, les Arabes s'attachent au dernier sens et ils disent qu'il a été affecté au chiffre écrit O, parce que ce chiffre n'a par lui-même aucune valeur, ne servant qu'à décupler le nombre placé à sa gauche, de même que nous disons au figuré, *un zéro* pour *une nullité*, car on a facilement, je pense, reconnu dans le petit cercle notre zéro. Mais c'est, je n'en doute pas, une déduction tirée après coup. Il serait trop long d'insister ici sur ce sujet. La concordance des racines חלק et כפר, צפר, שפר, et de leurs dérivés, me paraît démontrer qu'il s'est agi, pour signe principal, dans la numération, lorsqu'on ne se servait pas de l'écriture, d'un objet poli et arrondi par la même cause, le frottement, c'est à savoir d'un *caillou* (mot formé de *calculus*), qui était toujours sous la main; que le nom de cet objet devint le nom de nombre ou de chiffre par excellence, puis, que l'ayant naturellement représenté, dans la numération écrite, par un cercle, une figure orbiculaire et vide, cette figure prit le même nom, lequel entraîna secondairement les idées d'anneau, de cercle, de couronne et de vide, de même qu'en grec, du nom de la lettre ayant la figure d'un triangle, le *delta*, on tira les noms d'autres objets de même figure et le verbe DELTOÔ, *faire* ou *plier en forme triangulaire*. Ces déductions, appuyées sur des racines hébraïques, impliquent qu'en hébreu aussi le chiffre 10 a eu, à une certaine époque, la forme annulaire produite par une imitation du caillou; cela dès lors a pu avoir pareillement lieu en phénicien, et en effet, sur une ancienne monnaie d'Ebusus que je possède, ce chiffre a la forme régulière d'un cercle exactement formé. S'il en a été ainsi, le signe berber peut avoir été emprunté aux Phéniciens aussi bien qu'aux Arabes; mais cette conclusion est soumise aux résultats possibles d'un nouvel examen des chiffres phéniciens dans leur ensemble, qui demande par lui-même un travail étendu.

du féminin en phénicien; mais il était à cet effet placé à la fin des mots. C'est en égyptien que *ta*, signe du féminin pour les noms, marche en tête du mot; d'autres fois, dans la même langue, la marque du féminin, réduite à T, était reléguée à la fin du mot. Le berber combine souvent les deux procédés, et nous allons précisément en voir un exemple dans le premier nom que je me propose d'étudier.

C'est *Tamagrista* ou *Thamagrista*, nom d'une ville, siége d'évêché, dans la Mauritanie sitifienne. Ce nom se décompose en *ta* initial, marque du féminin; en *ma*, caractéristique d'une forme verbale et de noms dérivés impliquant, entre autres idées accessoires, celle d'habitude; enfin en la désinence *ta*, autre marque du féminin. La racine est donc *gris;* c'est celle du substantif masculin *a-gris*, qui est aujourd'hui même en usage pour dire *glace, gelée blanche*. On la retrouve, avec des variantes d'orthographe suivant les régions, dans *tek'ericht, teg'ericht, tagrest, tadjrest*, qui indiquent la saison froide, l'hiver, et quelquefois l'automne. On la reconnaît encore dans *Aougrous*, nom d'une montagne dans le Maroc, dans un passage de l'Atlas où l'on périt quelquefois sous la neige, enfin et tout particulièrement dans *Tamagreza*, nom d'une ville de la Tunisie. Le nom est donc bien berber. Le sens en est fourni par l'arabe قرس, K'ARASA OU GARASA, *vehemens fuit frigus, frigore congelata fuit* aqua, II. *Congelavit* frigus, d'où K'ARSOUN OU GARSOUN, K'AROUSOUN OU GAROUSOUN, *frigus vehemens, frigidus.* L'ancien nom *Tamagrista* a donc signifié *la Froide*, et cette qualification peut concourir à faire retrouver l'emplacement. Si ce nom ne nous avait pas été conservé, les termes modernes que j'ai cités à son occasion pourraient être considérés comme dérivés de l'arabe, d'autant plus que le sens dont il s'agit ne nous a pas été transmis par l'hébreu biblique. Mais la désignation d'évêques de *Tamagrista* dans le procès-verbal de la première conférence des prélats catholiques et donatistes à Carthage, en 411, prouve péremptoirement une existence bien antérieure et, par conséquent, une origine phénicienne, résultat d'autant plus important que l'équivalent n'existe pas, comme je l'ai dit, dans l'hébreu biblique. Cette circonstance démontre, d'une part, que, de l'absence dans l'hébreu d'une racine avec un sens donné, on ne serait pas en droit d'en nier rigoureusement l'existence dans le phénicien; d'autre part, que, dans certains cas, on peut accepter de l'arabe l'interprétation d'un terme phénicien dont l'hébreu ne fournit pas une explication satisfaisante. Nous trouverons, à l'appui de cette double déduction, d'autres exemples dans la suite même de ce paragraphe, et ce ne sera peut-être pas le moindre service qu'aura rendu à la philologie l'étude de la langue berbère.

Dans la Byzacène, comme l'une des stations d'une route stratégique établie autour du lac Triton, la Table théodosienne cite *Timezegeris turris*, que M. Tissot identifie avec le Sidi Guenaou moderne. Ici encore nous discernons facilement les préfixes *ti* et *me;* la terminaison *is* ou *s* est latine. La racine est donc *zeger*. Je n'hésite pas y voir une métathèse de l'hébreu צריח, TZARIKh, TZARIG, ZARIG, qui signifie *édifice élevé, tour*, et dont, par conséquent, le mot latin qui y est accolé est précisément la traduction exacte; le pléonasme qui en résulte n'est pas plus surprenant que celui que nous faisons en disant *la porte Babazoun* et dans beaucoup d'autres cas. Quant à la métathèse, elle est d'autant plus naturelle que Gesenius déclare la racine צרח, ZRG, voisine de צחר, ZGR, en sorte que, au fond, il n'y a peut-être pas même de transposition dans *Timezegeris;* quoi qu'il en soit, ce mot me paraît avoir indubitablement signifié *tour* en libyen ou dans l'ancien berber, et y avoir été formé d'une racine phénicienne.

J'ai déclaré devoir me borner à un très-petit nombre de jalons. Je limiterai donc à ces deux exemples mes recherches dans la nomenclature géographique. Je serai pareillement bref pour ce qui concerne l'histoire naturelle.

L'ancien auteur du *Traité des plantes,* attribué à Apulée de Madaure, désigne sous le nom de GALLI CRUS, *patte de coq,* une herbe que l'auteur de l'*Auctarium ad Dioscoridem* nomme KÔRONOPOUS, *pied de corneille,* en ajoutant que, chez les Africains, elle s'appelait ATIRSITTE. Bochart en a conclu que ce mot est composé de deux éléments dont le premier, qu'il propose de lire *atour,* signifiait *patte* ou *pied;* il l'a assimilé à l'hébreu *asour* et à l'arabe *atour,* qui veulent dire *pas, vestige.* Mais on voit que le rapport n'est qu'indirect. C'est que là n'est pas la réelle origine; elle réside dans le berber *at'ar,* qui possède expressément le sens *jambe, patte, pied;* il le tire, non du phénicien *asour* ou *atour,* mais, et le mot sémitique doit lui-même remonter à la même source, de l'égyptien ATHER, ATHÊR, *marteau.* On sait que l'action du pied sur le sol a souvent été comparée à la percussion d'un marteau; ainsi, en hébreu, PAÂM, *pas, pied,* veut dire en même temps *enclume* et vient d'un thème signifiant *battre, frapper :* chez nous, on donne le nom de MALLÉOLES, *petits marteaux,* aux deux saillies latérales de la jointure de chaque pied avec la jambe correspondante. C'est donc, je le répète, dans le mot égyptien qu'il faut chercher la racine, et la dérivation libyenne, ainsi que berbère, *jambe, patte, pied,* est plus directe que celle du sémitique *vestige,* antérieure, par conséquent, à celle-ci et indépendante d'elle. Quant au second composant *sitté,* Bochart se contente d'en dire : « Alicujus avis est nomen, idem forte quod Græcis. Hedychius : Σίττη, ὄρνις ποῖος, ὃς καὶ δρυκολάπτης (le pivert). » Il me semble évident que, pour les Africains, c'était le même mot que le berber actuel AIAZIT', *coq,* dans lequel la racine est *zit'.* Ce mot n'existe pas dans l'hébreu qui nous est resté. Il trouve son explication dans l'arabe **ZAÂTA**, *crier.* Mais, en berber, l'origine n'est point arabe, elle ne peut être que phénicienne, puisque nous rencontrons l'expression dont il s'agit avant l'invasion des Arabes. Ce fait prouve donc derechef que le phénicien possédait des termes communs à d'autres dialectes sémitiques en dehors du vocabulaire hébreu qui nous est parvenu. Nous allons en voir encore un exemple dans l'un des noms empruntés à la mythologie qui doivent faire, ainsi que je l'ai annoncé, le troisième et dernier point du présent paragraphe.

J'ai en vue trois noms de divinités transmis par l'évêque africain Corippe dans son poëme de la *Johannide*, composé pour célébrer la difficile et mémorable victoire de Jean Troglita sur les tribus indigènes en 540. Ces noms sont : *Gurzil*, *Sinifere*, *Mastiman*; voici les principaux passages qui s'y rapportent :

L. II, v. 109-111 :

« Ierna ferox his ductor erat Gurzilque sacerdos.
« Huic referunt Gentes pater est quod corniger Ammon,
« Bucula torva parens. »

L. IV, v. 679-683 :

« Concrepat omne nemus : tunc omnis consonat Echo
« Gentibus, et varias imitatur reddere linguas.
« Hinc Sinifere vocans acies maurusia clamat,
« Mastimanque ferum : Mastiman assonat Echo.
« Inde ferunt Gurzil : Gurzil cava saxa resultant. »

L. VII, v. 300-309 :

« Marmaridum interea nocturnis dedita sacris
« Castra fremunt, statuuntque aras et inania poscunt
« Numina. Prosecant pecudes altaria circum,
« Et fundunt miserum rivis per prata cruorem.
« Hi mactant Gurzil; illi tibi, corniger Ammon;
« Ignifcrique colunt quæ Mazax numina Martis
« Accipit, atque deum belli putat esse potentem;
« Mastiman alii : Maurorum hoc nomine gentes
« Tænarium dixere Jovem, cui sanguine multo.
« Humani generis mactatur victima Pesti. »

Je n'ai rien à dire d'*Ammon*, deux fois mentionné dans ces vers : la mythologie de ce dieu est trop connue.

Des autres, *Gurzil* seul a un peu fixé l'attention. Mazuchelli, dans une des notes sur la *Johannide*, dit que c'était probablement Jupiter, mais il s'en tient à cette pure énonciation. Le comte Castiglioni, en émettant dans ses *Recherches sur les Berbères atlantiques*, page 125, la même opinion, s'explique ainsi : *Gurzil*, le Jupiter des Maures, est le dieu du tonnerre : *Ncorn*, dans la langue des Berbères, *A-corn* dans celle des Guanches des Canaries, est le nom de Dieu ; *tenzilt*, ou plutôt *zil*, est celui du tonnerre en berbère. » Movers, *die Phoenizier*, II, 2, page 366, regarde le nom *Gurzil* comme une corruption d'*Azazel*, dont le nom en hébreu commence par un *aïn* qui a pu être prononcé *grain* ou *gr* par les Berbers. Tout en reconnaissant la possibilité de cette prononciation, je crois l'assimilation inadmissible. Le comte Castiglioni me paraît s'être mieux approché de la vérité, bien qu'il ait échoué dans la première partie de son explication. En effet, la première moitié du nom ne peut venir de *Ncorn*, qui n'existe pas, que je sache, ni d'*Acorn*; ce peut être simplement *ger*, qui subsiste dans le berber moderne avec le sens *jeter, lancer*, du phénicien *iagar* ou *ouagar* qu'on trouve, avec la même signification, en hébreu et en éthiopien. Le second composant se rattache réellement à *tenzilt*, qui veut dire en berber *secousse, tremblement de terre, tonnerre*; c'est *zil*, racine de ce mot féminin, qui vient du phénicien *zalal*, signifiant, comme en hébreu, *secouer, ébranler, faire trembler, frapper de terreur*. A cette étymologie, on pourrait sans doute proclamer le Maître du tonnerre, le dieu qui lance la foudre, qui jette l'épouvante, qui fait trembler d'un seul mouvement de tête l'Olympe entier. Mais nous avons vu qu'Ammon est plusieurs fois nommé dans le poëme. Or c'est Ammon que les Grecs assimilaient à leur Zeus, les Latins à leur Jupiter, le *Libyæ Jupiter* de Properce, I. VI, id. 1. Il ne peut y avoir ici dérogation. En se reportant à la parenté de *Gurzil*, on pourrait être disposé à y voir *Epaphus*, fils de Jupiter et d'Io, et plus tard père de *Libya*. Mais ce personnage n'a pas fait, ce me semble, assez de bruit dans le monde pour mériter le nom libyen tel que je l'ai expliqué. Au contraire, les deux conditions s'adaptent parfaitement à *Bacchus*. Selon Diodore, livre III, chap. 66-74, les Libyens revendiquaient pour leur pays la naissance de Bacchus ou plutôt des Bacchus, car ils en admettaient trois, et ils prétendaient que la plupart des choses que les mythes en racontent s'étaient passées chez eux. Or leur second Bacchus était fils de Jupiter et d'Io; on pouvait donc en dire : « Huic referunt Gentes pater est quod corniger Ammon. — Bucula torva parens. » D'un autre côté, dans les Hymnes orphiques, Bacchus est invoqué sous la qualification de ERIBROMOS, ERIBRÉMETÈS, *qui gronde épouvantablement* : GURZIL répond à ces épithètes. Il y répondrait mieux encore si l'on assimilait le premier composant à l'hébreu K'ARA, *crier, crier à haute voix*, ce qui est d'autant plus admissible qu'il est notoire que les Berbers donnent souvent au *K'of* ou K' la prononciation G : le nom entier signifierait alors *criant la terreur, par ses cris répandant la terreur*. Dans plusieurs de ses représentations, Bacchus était figuré avec des cornes, *kéròs, kérasphoros*; chez les Grecs, c'étaient des cornes de taureau, *taurokérôs, taurométôpos*; chez les Libyens, au dire de Diodore, liv. III, ch. 73, c'étaient, pour le premier Bacchus, des cornes de bélier, semblables à celles de son père Ammon. M. L. Müller, dans l'ouvrage capital sur la Numismatique de l'ancienne Afrique, dont il achève en ce moment la publication, a signalé l'effigie de ce Bacchus sur plusieurs monnaies de la Cyrénaïque; le premier Bacchus libyen, enfant, avait été en effet confié par son père à Aristée, fils de Cyrène, pour le soustraire aux poursuites jalouses de Rhéa. Mais le second Bacchus a pu avoir les cornes de sa mère et c'est lui peut-être que concernent, même dans la mythologie grecque, les images à cornes de taureau. Quoi qu'il en soit, le nom du dieu libyen *Gurzil*, en apparence original, me paraît attester avec certitude l'influence de la langue phénicienne, et c'est là ce que je m'étais surtout proposé de vérifier.

Dans le passage du livre IV, trois divinités sont nommées, *Gurzil, Sini-*

fere et *Mastiman*; dans le passage du livre VII, il est fait aussi allusion à trois divinités, outre Ammon; mais deux seulement sont nommées, ce sont encore *Gurzil* et *Mastiman*; la troisième est désignée comme incendiaire, puissante dans la guerre et assimilée au Mars des Latins par les Mazaces (Mazig'en, Imazig'en), mais le nom enchorial n'est point énoncé. Nous avons déjà vu que quelques indications caractéristiques sont données pour *Gurzil*; nous en avons lu de plus explicites encore pour *Mastiman*, dans les vers qui le déclarent maître suprême des enfers. Pour *Sinifere*, aucun commentaire. Je crois que les deux mentions incomplètes des passages que je rappelle, celle de *Sinifere* et celle du dieu incendiaire et guerrier, doivent être rapprochées, combinées; en d'autres termes, que *Sinifere* était le dieu admis pour *Mars*. En effet, ce nom, si je ne me trompe, est tiré d'un verbe phénicien qu'on ne retrouve pas dans l'hébreu, mais qui se montre en arabe sous la forme *Nafara*, dont l'une des significations est *inflammatus fuit*, une autre *vicit*. Le mot libyen a de plus un *s* préfixe, *si-nifere* : cette consonne est une des serviles à chaque instant employées dans le berber actuel pour modifier le sens des thèmes verbaux; elle a pour office spécial d'inculquer au verbe l'énergie causative ou transitive; ainsi *sinifere* veut dire, conformément à l'une des pratiques grammaticales les plus usuelles de la langue berbère, d'une part, *celui qui enflamme, qui rend enflammé*; d'une autre part, *celui qui fait vaincre, qui décerne la victoire* : ne voit-on point là la réunion des acceptions *ignifer* et *belli potens?*

Je me suis expliqué déjà sur *Mastiman* dans mon mémoire sur dix-neuf inscriptions numidico-puniques découvertes à Constantine, pages 57 et 58. Je n'y reviendrai ici que pour insister sur l'analogie du nom, décomposé en *Mas-t-iman*, avec le nom moderne de la divinité, *Masisiman, Mas is iman, le maître d'elle, l'âme, le maître de l'âme.*

Mas, qui nous a été transmis en tête de plusieurs noms d'hommes dans l'histoire ancienne et qui a d'abord été regardé comme une modification de *mis* signifiant *fils*, a été récemment reconnu, sous cette forme, ou sous celles de *mess, mech*, comme voulant dire *maître* par MM. Barth, de Slane et Hanoteau. C'est à tort que, dans une note publiée dans la *Revue africaine*, octobre 1859, M. Hanoteau a paru croire que ce sens a échappé à l'illustre voyageur allemand; si, pour *Messi* en particulier, il se laisse aller à supposer une dérivation de *Messie*, ce n'est que dubitativement, et, dans son vocabulaire, il fait connaître pour *mes* l'acception générale que je viens de rapporter : « Mes means master in Temght. » Ce mot doit, je crois, être rattaché à l'hébreu NASA, *élever, porter*, niph. NISSA, *il s'est élevé, il a été élevé, exalté*, d'où, entre autres dérivés, NASI, *prince, chef*, lequel s'appliquait non-seulement aux rois, mais aussi aux chefs de tribu. La permutabilité entre le *n* et le *m* que j'ai déjà signalée dans la langue berbère suffirait sans doute pour justifier le rapprochement que je propose; mais il y a mieux : en hébreu même plusieurs autres dérivés de la même racine rejettent le *noun* ou N et commencent par *mem* ou M : exemples : MASSA, *portatio*, *onus*, etc.; MASSET, *elatio*, *signum*, *onus*, etc. Je crois donc qu'il n'y a rien de forcé dans mon étymologie et que, par conséquent, le mot berber doit remonter au phénicien.

Is, dans le nom moderne, est le pronom de la troisième personne du singulier en régime, dans le sens possessif. Il est des deux genres. Il se rapporte au mot suivant, IMAN, *âme*, en vertu d'un idiotisme que M. Hanoteau a fait connaître. Dans le nom transmis par Corippe, au lieu de *is* ou *s* on voit *t*. C'est là le nœud de l'assimilation. La différence apparente s'évanouit lorsqu'on jette un coup d'œil sur le tableau que M. le baron de Slane a placé à la page 511 du quatrième volume de sa traduction d'Ibn-Khaldoun. En effet on y aperçoit que notre pronom *son*, *sa*, *de lui*, *d'elle* est rendu en chelha et en zouaoua par *is*, comme dans *Mas is iman*, mais en touareg par *iet*, ce qui équivaut au *t* de *Mas t iman* et établit, par conséquent, la similitude entre le nom ancien et le nom actuel. M. Barth a recueilli une expression qui paraît se rattacher à cet exemple, c'est *shitmas*, qu'il rend par *oncle maternel*, mais avec un point de doute. Un peu plus haut il a donné *ti* et *shi* comme signifiant *père*; il est donc probable que c'est le second de ces mots qui se retrouve au commencement de *shitmas*, et que celui-ci doit être décomposé, puis traduit ainsi : SHI T MA S, *le père d'elle, la mère de lui* ou *d'elle*, c'est-à-dire *le père de sa mère* ou *son grand-père maternel*. Précédemment il avait dit TIS N TIS, *grand-père*, mais ici c'est au propre, *le père de lui*, *le père de lui* ou *d'elle*, savoir : *le père de son père* ou *son grand-père paternel*. Les deux expressions peuvent donc coexister. Mais une autre remarque est suggérée par le dernier exemple : un *s* s'y montre comme signe du pronom affixe à la suite du premier mot, là où il y a un *t* dans l'autre cas. Mais, puisque M. Barth met pour *père* d'un côté *ti*, de l'autre *shi*, on en peut conclure que les deux locutions n'ont pas été relevées dans la même localité; or, *s* étant en effet employé aussi par les Touaregs pour remplir l'office dont il s'agit (M. Hanoteau l'indique, et non *t*, dans sa grammaire tamachek'), il est évident que l'un a pu être usité dans une région, l'autre dans une région différente. Mais dans *shitmas* même, les deux modes sont appliqués concurremment. On doit en déduire finalement que l'un ou l'autre procédé est indifférent dans quelques points, bien que probablement il y ait en général une préférence soit pour l'un, soit pour l'autre. Dans mon mémoire de la *Revue de l'Orient*, j'ai signalé le rapport qui existe, à l'égard de ce suffixe *s*, entre la langue berbère et la langue égyptienne.

Quant à *iman*, dernier composant des noms *Mastiman*, *Masisiman*, et signifiant *âme*, sans m'arrêter à diverses suggestions fort conjecturales, ce que j'y vois de moins invraisemblable, c'est une altération du latin *anima*.

———

CONCLUSION.

Bien que le champ que je viens de parcourir ait été à dessein fort limité, je crois y avoir puisé des exemples suffisants pour ébranler, sinon pour renverser, la stérile opinion qui déclare la langue berbère étrangère, pour le fond, à tout autre idiome. M. de Slane a fait ressortir les analogies grammaticales de cette langue avec les langues sémitiques, en particulier avec l'arabe : le cadre comparatif pourrait être élargi. Mais, au point de vue du vocabulaire, le savant traducteur d'Ibn-Khaldoun est resté dans la doctrine de l'isolement. Quant aux rapports du berber actuel avec l'ancien libyen, il n'a découvert, après beaucoup de recherches, qu'un mot qui le constate, et il s'écrie : « Un mot berber se trouve enfin chez les Anciens! » J'espère avoir été plus heureux. Les lecteurs en jugeront par les échantillons que je leur soumets. J'en aurais pu notablement augmenter le nombre; mais j'aurais été entraîné au delà du but que je me suis proposé. Je serai satisfait si, réagissant avec succès contre un éloignement regrettable, surtout chez quelques savants distingués de l'Algérie, je suis parvenu à démontrer que les études dont il s'agit sont établies sur des bases sérieuses et qu'elles sont dignes d'attention et d'intérêt. Pour ce qui me concerne en personne, j'ai voulu faire voir que je n'ai aucun parti pris; que je ne suis d'avance porté vers aucune filiation exclusive; que je cherche avec sincérité, en approfondissant les questions autant qu'il m'est possible, l'origine de chaque mot en particulier avant de me prononcer, je ne dirai pas sur l'isolement de la langue berbère, là-dessus mon opinion négative est bien arrêtée, mais sur le cercle plus ou moins large des affinités de cette langue. Mon vif désir est d'entraîner les travailleurs dans cette voie, en leur en faisant entrevoir la fécondité, car nous avons en plusieurs endroits constaté que, si l'étude de l'idiome berber reçoit d'efficaces secours des langues sémitiques, elle leur rend quelquefois en retour des services non moins importants.

P. S. — Dans le premier paragraphe, relatif à l'écriture libyco-berbère, j'ai eu souvent à parler de l'inscription bilingue, ou libyo-phénicienne, de Thugga. J'ai exprimé le regret, à la page 5, qu'une copie suffisamment exacte du texte phénicien n'assurât point la base de l'interprétation. Mais, depuis la publication séparée de cette partie, il s'est écoulé un intervalle de six mois pendant lequel un ouvrage important a paru, je veux parler du *Voyage en Tunisie* de M. V. Guérin. Dans le second volume, à la page 122, sur une planche que M. le duc de Luynes a fait graver, se trouve une copie de cette célèbre inscription d'après un estampage pris par M. Birch sur la pierre qui a été transportée en Angleterre (1) et est conservée au Musée britannique de Londres. Ce dessin,

(1) Voy. Davis. *Carthage and her remains*, p. 750 et suivantes.

exécuté d'après l'original avec un soin minutieux, fournit enfin un spécimen fidèle du texte phénicien. Il en résulte que les copies que l'on possédait ne sont pas aussi fautives qu'on le supposait. Toutefois le caractère qu'à la page 12, ligne 8, j'ai indiqué comme un *vau*, a en réalité la forme d'un *zaïn*. Cela modifie en plusieurs points la traduction que j'ai proposée ailleurs de ce texte phénicien ; mais ce n'est pas ici la place d'entrer dans les détails de ces rectifications. Ce que j'ai dit des lettres libyques n'en est point, je pense, affecté, si ce n'est en ce qui concerne le signe ᗰ, qu'à la page 5 j'ai laissé pour indécis, et qu'aux pages 12 et 14 j'ai pris pour un *vau* : c'est probablement l'équivalent du *zaïn*.

ERRATUM.

Page 14, tableau n° 3, col. himyar., n° 6, au lieu de ☰, mettez H.

Paris. — Typ. Villet fils aîné, rue des Grands-Augustins, 5.

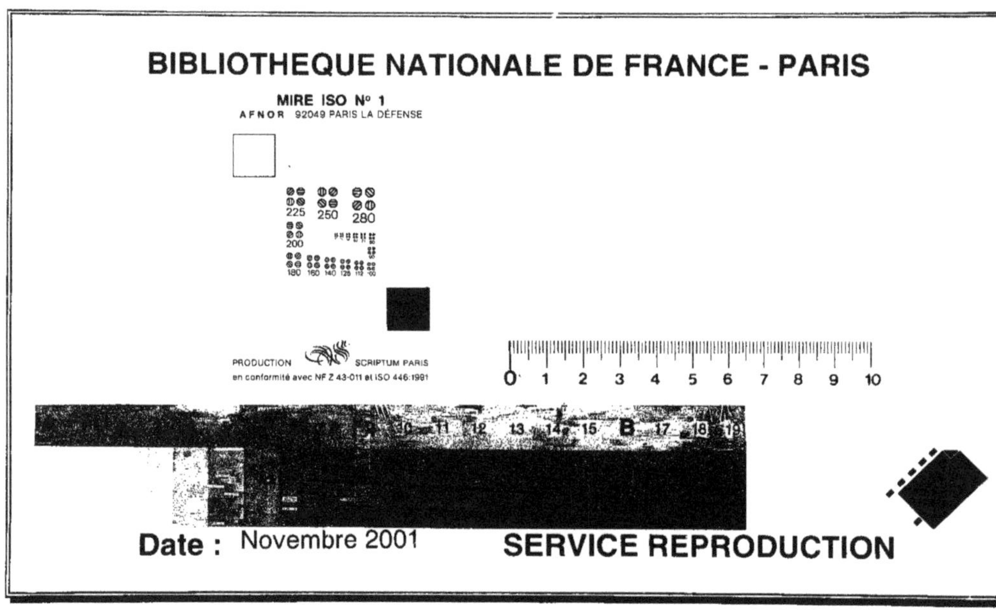
BIBLIOTHEQUE NATIONALE DE FRANCE - PARIS
MIRE ISO N° 1
AFNOR 92049 PARIS LA DÉFENSE
PRODUCTION SCRIPTUM PARIS
en conformité avec NF Z 43-011 et ISO 446:1991
Date : Novembre 2001
SERVICE REPRODUCTION

www.ingramcontent.com/pod-product-compliance
Ingram Content Group UK Ltd.
Pitfield, Milton Keynes, MK11 3LW, UK
UKHW021655260726
13994UKWH00003B/1471

9 782329 386836